Historias inspiradoras de béisbol para jóvenes lectores

Avivando sueños y formando el carácter a través del poder del gran juego americano

© Copyright 2025

Todos los derechos reservados. Ninguna parte de este libro puede ser reproducida de ninguna forma sin el permiso escrito del autor. Los revisores pueden citar breves pasajes en las reseñas.

Descargo de responsabilidad: Ninguna parte de esta publicación puede ser reproducida o transmitida de ninguna forma o por ningún medio, mecánico o electrónico, incluyendo fotocopias o grabaciones, o por ningún sistema de almacenamiento y recuperación de información, o transmitida por correo electrónico sin permiso escrito del editor.

Si bien se ha hecho todo lo posible por verificar la información proporcionada en esta publicación, ni el autor ni el editor asumen responsabilidad alguna por los errores, omisiones o interpretaciones contrarias al tema aquí tratado.

Este libro es solo para fines de entretenimiento. Las opiniones expresadas son únicamente las del autor y no deben tomarse como instrucciones u órdenes de expertos. El lector es responsable de sus propias acciones.

La adhesión a todas las leyes y regulaciones aplicables, incluyendo las leyes internacionales, federales, estatales y locales que rigen la concesión de licencias profesionales, las prácticas comerciales, la publicidad y todos los demás aspectos de la realización de negocios en los EE. UU., Canadá, Reino Unido o cualquier otra jurisdicción es responsabilidad exclusiva del comprador o del lector.

Ni el autor ni el editor asumen responsabilidad alguna en nombre del comprador o lector de estos materiales. Cualquier desaire percibido de cualquier individuo u organización es puramente involuntario.

Índice

INTRODUCCIÓN 1
CAPÍTULO 1: JACKIE ROBINSON ROMPE LAS BARRERAS 3
CAPÍTULO 2: LA PERSEVERANCIA DE JIM ABBOTT 14
CAPÍTULO 3: LA GRACIA DE GEHRIG BAJO PRESIÓN 24
CAPÍTULO 4: EL JONRÓN DE KIRK GIBSON 35
CAPÍTULO 5: LA HISTORIA DE BABE RUTH 44
CAPÍTULO 6: LAS MUJERES QUE JUGARON AL BÉISBOL PROFESIONAL 54
CAPÍTULO 7: LA HISTORIA DE ROBERTO CLEMENTE 64
CAPÍTULO 8: EL MILAGRO DE LOS METS EN 1969 74
CAPÍTULO 9: EL LIDERAZGO DE DEREK JETER 85
CAPÍTULO 10: MO'NE DAVIS ROMPE ESTEREOTIPOS 97
CONCLUSIÓN 106
VEA MÁS LIBROS ESCRITOS POR FINN MANNING 108
REFERENCIAS 109
FUENTES DE IMAGENES 119

Introducción

¿Eres aficionado al béisbol? ¿Quieres aprender sobre las leyendas del béisbol y cómo llegaron a ser tan grandes jugadores? ¿Eres nuevo en este deporte, pero quieres aprender valiosas lecciones de vida? ¿Quieres sacar la estrella de béisbol que llevas dentro? ¿Necesitas motivación para perseguir tus sueños? Entonces no busques más; tienes el libro adecuado en tus manos. ¡Este libro es todo lo que necesitas para empezar!

El béisbol está considerado como el deporte de entretenimiento favorito de los Estados Unidos. Desde las personas mayores hasta los niños pequeños de los barrios locales, el béisbol cautiva los corazones de millones de personas en todo el país. Este deporte tiene una historia llena de jugadores legendarios, momentos inolvidables y algunos de los estadios más asombrosos jamás construidos.

Para los estadounidenses, el béisbol es algo más que un deporte. Forma parte de la cultura y la tradición. Los miembros de la familia se unen en torno a los partidos de béisbol, ya sea viéndolos en el televisor del salón o desde las gradas de los estadios, animando a sus equipos favoritos. Muchos niños quieren acabar como su ídolo deportivo favorito.

Este libro está repleto de historias de leyendas del béisbol que se enfrentaron a todo tipo de retos, superaron las adversidades, rompieron estereotipos (lo que normalmente se esperaba de ellos) y se convirtieron en grandes nombres de la historia del béisbol. Trata sobre la dedicación, el trabajo duro y la pasión. Las historias enseñan lecciones de vida sobre cómo afrontar mejor el fracaso, mantener la concentración y trabajar por tus sueños independientemente de lo que piensen los demás.

Prepárate para conocer a héroes del béisbol como Jackie Robinson, un afroamericano que alcanzó el estrellato a pesar de las barreras raciales de entonces. Y Babe Ruth, un bateador legendario. Y estrellas más modernas como Derek Jeter y Mo'ne Davis, que inspiraron a jóvenes jugadores a convertirse en lo mejor que pueden ser. Muchas de estas leyendas llegaron a la cima porque realmente creían en sí mismas y en lo que representaban. ¡No perdieron de vista el premio!

Este libro no trata sólo de las leyendas. Trata de ti, lector. Tanto si ya estás en las ligas menores, como si practicas en casa o sueñas con las ligas mayores, estas historias son para ti. Demuestran que ningún sueño es demasiado grande, que ningún reto es demasiado aterrador o abrumador. Son un recordatorio de que tu destino está en tus manos y de que, con dedicación y fe en ti mismo, puedes conseguir cualquier cosa.

Así pues, ¡deja que estas historias sean tu luz de guía, tu fuente de inspiración y tu motivación para brillar!

Capítulo 1: Jackie Robinson rompe las barreras

El 15 de abril de 1947 se recordará siempre como el día en que Jackie Robinson se convirtió en el primer afroamericano en jugar en un partido de Las Grandes Ligas de Béisbol (en inglés: *Major League Baseball*, MLB), una de las ligas de béisbol de la que la mayoría de los jugadores querían formar parte. A pesar de las duras normas y reglas que sólo permitían a los blancos tener la oportunidad, Jackie consiguió jugar con los Dodgers de Brooklyn (Brooklyn Dodgers), un equipo de la Grandes Ligas.

Jackie fue uno de los atletas afroamericanos más valorados de su época, no

Jackie Robinson es el primer afroamericano que juega en un partido de las Grandes Ligas de Béisbol [1]

sólo por su raza, sino porque se elevó por encima de las pruebas y ocupó su lugar como gran deportista. Su impacto duradero rivaliza con el de los más grandes deportistas que jamás hayan competido en este deporte.

Sufrió muchas pruebas y consiguió más de lo que la mayoría de los jugadores afroamericanos conseguirían en su lugar. Aunque era un gran atleta, se enfrentó a la discriminación racial por el color de su piel. Los aficionados se lo hicieron pasar mal, y algunos compañeros de equipo le rechazaron en múltiples ocasiones y se empeñaron en no relacionarse con él en absoluto.

Sin embargo, no dejó que su mezquindad y sus miradas de odio le impidieran cumplir su sueño. En lugar de eso, respondió como el verdadero campeón que era; siguió jugando con excelencia.

Jackie jugó al béisbol durante diez años, durante los cuales perfeccionó tanto sus habilidades que se le considera uno de los mejores. Incluso ganó un premio por ser el mejor jugador de la liga. Al negarse a reaccionar y distraerse, Jackie detuvo los insultos racistas que recibía.

Jackie Robinson era algo más que un jugador de béisbol. También fue un activista de los derechos civiles (alguien que lucha por las libertades personales de todas las razas). Se comprometió a ayudar a crear un sistema deportivo que facilitara las cosas a los afroamericanos. Se pronunció contra el racismo e incluso trabajó con un grupo llamado la Asociación Nacional para el Progreso de las Personas de Color (en inglés: *National Association for the Advancement of Colored People*, NAACP) para ayudar a que los afroamericanos tuvieran los mismos derechos que los blancos.

Jackie Robinson es un nombre tan grande que las Grandes Ligas de Béisbol retiraron el número de su camiseta, el 42, para que nadie más en la liga volviera a llevarlo. Por si fuera poco, también eligieron la fecha del debut de Jackie -su primer partido-, el 15 de abril, como día especial cada año para celebrar a Jackie Robinson y todo lo que consiguió.

Primeros años de la vida de Jackie Robinson

Nació en una plantación cercana a Cairo, Georgia, el 31 de enero de 1919. Era el menor de cinco hermanos de una familia de aparceros (personas que cultivaban la tierra). En recuerdo del ex presidente Theodore Roosevelt, que falleció 25 días antes del nacimiento de Jackie, sus padres le pusieron como segundo nombre Roosevelt. El padre de Jackie, Jerry Robinson, abandonó a su familia cuando Jackie tenía sólo seis meses. El joven fue criado por su madre y sus cuatro hermanos, Willa, Edgar, Frank y Matthew, que respondía al nombre de *Mack Robinson*. Su madre, Mallie Robinson, trasladó entonces a la familia a Pasadena, California, con la esperanza de tener mejores oportunidades para cuidar de sus hijos.

En Pasadena, Mallie Robinson compró una casa en un barrio blanco con la ayuda de una sobrina. Se enfrentó a mucha hostilidad racial, pero no dejó que eso la alejara de su nuevo hogar.

La familia Robinson se trasladó a una zona más tranquila de Pasadena y vivió en dos casas modestas. Su madre mantenía a la familia trabajando en varios empleos, así que no llevaban una vida fastuosa; probablemente fuese bastante aburrida. No tenían mucho dinero, pero estaban rodeados de vecinos más pudientes y se sentían excluidos del barrio.

Mallie enseñó a Jackie a defender sus derechos, a respetarse a sí mismo y a exigir respeto a los demás. Estas lecciones le acompañaron durante toda su vida. Jackie nunca cedió a las burlas raciales de la gente y mantuvo la cabeza baja. Pronto descubrió que ser bueno en los deportes le ayudaba a hacer amigos entre los niños blancos.

Este ambiente hizo que se uniera a una pandilla del barrio durante un tiempo, pero un amigo le convenció para que lo dejara, y él le hizo caso. La mayoría de sus compañeros de equipo en la escuela secundaria Muir eran blancos. Después de la secundaria, Jackie asistió al Pasadena Junior College (PJC), y su espíritu de excelencia brilló; le fue muy bien tanto en los deportes como en el desempeño escolar.

Jackie tenía mucho talento en distintos tipos de deportes desde muy joven. En la secundaria y en la universidad, se hizo famoso por jugar al fútbol americano, al baloncesto, al béisbol y al atletismo. Fue a la UCLA (la Universidad de California en Los Ángeles) con una beca deportiva y fue la primera persona en despuntar en cuatro deportes. Incluso superó a su hermano, Mack Robinson, como el deportista más laureado de la familia al batir su récord en salto de longitud.

Fue elegido Jugador Más Valioso de la región e incluido en el equipo de béisbol del All-Southland Junior College. En agradecimiento a todo lo que hizo por el colegio, también le nombraron miembro de la Orden del Mástil y la Daga, una organización muy especial que elogia el buen comportamiento y el gran trabajo escolar de un estudiante. Además, fue elegido miembro del grupo policial dirigido por estudiantes conocido como los *Lanceros*.

El tiempo de Jackie en el ejército

¿Sabías que Jackie también se alistó en el ejército? Jackie fue uno de los pocos solicitantes afroamericanos aceptados en la Escuela de Aspirantes a Oficial (en inglés: *Officer Candidate School,* OCS) a pesar de las normas iniciales de neutralidad racial del ejército.

Pero él y sus compañeros sufrieron retrasos durante algún tiempo. Sin embargo, acabaron siendo aprobados con la ayuda del campeón de boxeo de pesos pesados Joe Louis y del consejero civil adjunto del Secretario de Guerra Truman Gibson. Finalmente fueron aceptados. Poco después de ser admitido, Jackie se convirtió en subteniente en enero de 1943.

Más tarde, fue enviado al 761º batallón de tanques "Panteras Negras" de Fort Hood, en Texas.

Allí visitaba a menudo a su pastor, Karl Downs, que le guiaba y apoyaba.

La carrera militar de Jackie sufrió un golpe en uno de sus días de visita, el 6 de julio de 1944. Aunque el ejército operaba una ruta de autobús no segregada (lo que significa que se permitía la entrada a personas de todos los colores), hubo un momento en que Jackie se negó a ceder su asiento y permitir que lo utilizara una persona blanca.

Aunque el conductor cedió y le permitió quedarse, se avisó a la policía militar, que detuvo a Robinson.

Tras someterse a interrogatorios racistas por parte de las fuerzas del orden, finalmente se le concedió la baja honorable.

Este fue el punto de inflexión en la vida de Jackie que más tarde pondría su nombre en el Salón de la Fama del Béisbol. Un antiguo compañero de equipo de Jackie, con el que contactó mientras vivía en Kentucky como civil, le convenció para que probara en los Monarcas de Kansas City (Kansas City Monarchs) de las Ligas Negras estadounidenses. Así lo hizo, y su vida cambió para siempre.

La temporada de debut de Jackie Robinson en 1947

La entrada de Jackie en las Grandes Ligas fue un gran paso para el deporte profesional y la igualdad racial en Estados Unidos. Hizo historia el 15 de abril de 1947, cuando jugó con su equipo de las Grandes Ligas como primera base en un partido en casa en el Ebbits Field de Brooklyn, Nueva York. Este día de la historia se conoce como el día en que se rompió la barrera racial en el béisbol.

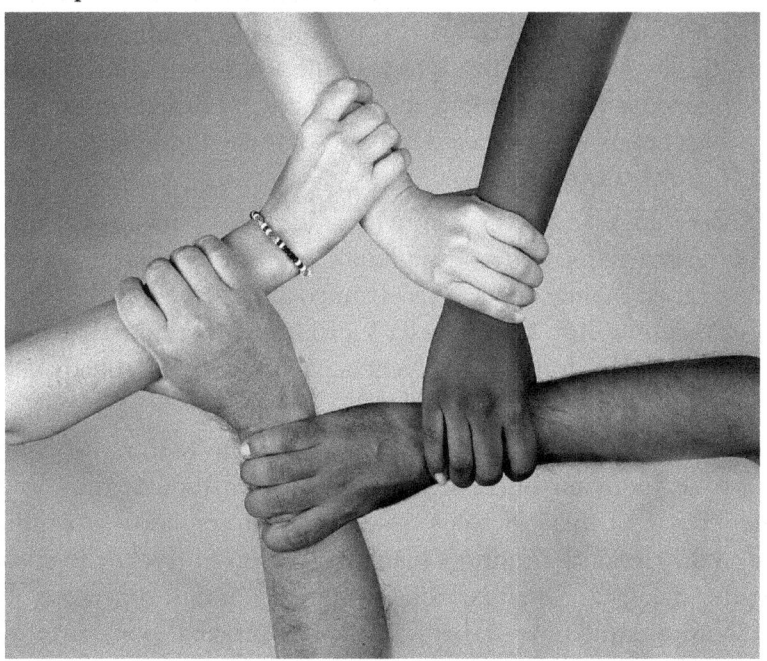

La entrada de Jackie en las Grandes Ligas fue un gran paso para el deporte profesional y la igualdad racial en los Estados Unidos [2]

Aunque no había ninguna norma escrita que prohibiera jugar a los jugadores afroamericanos, en la liga las cosas no parecían así. En la década de 1880, jugadores famosos como Adrian Anson se negaban a jugar con equipos que tuvieran jugadores afroamericanos. Ése era el sentimiento de la época y, por tanto, existía segregación en el béisbol profesional.

Los blancos no querían jugar con jugadores afroamericanos en sus equipos y, en julio de 1887, la *Liga Internacional* votó la prohibición de permitir jugadores afroamericanos en los equipos de béisbol de los blancos. Así pues, la mayoría de los propietarios de las ligas mayores no permitían que los afroamericanos jugaran en sus equipos.

Mientras estuvo en las Ligas Negras (la liga para jugadores afroamericanos), Jackie fue un jugador excepcional. Hacía girar cabezas todo el tiempo con su excelente estilo de juego. Siguiendo por ese camino de excelencia y determinación, Jackie Robinson superó las restricciones y se unió al equipo de los Dodgers de Brooklyn con la ayuda de un hombre llamado Branch Rickey.

Rickey era el famoso presidente de los Dodgers, que también había formado un equipo ganador con los Cardenales en San Luis (St. Louis Cardinals). También es conocido por haber creado el sistema de "granjas" de las ligas menores, que los equipos siguen utilizando hoy en día para encontrar y desarrollar nuevos talentos. Robinson comenzó su camino hacia el éxito en las ligas mayores con las Ligas Negras, y fue allí donde Rickey le encontró.

En las Ligas Negras, muchos de los mejores jugadores afroamericanos demostraron su talento, pero no pudieron jugar en las Grandes Ligas. Robinson no era el único buen jugador allí. Jugadores como el receptor Roy Campanella y el famoso lanzador Satchel Paige también procedían de las Ligas Negras. Ambos se unieron más tarde a Jackie Robinson en las Grandes Ligas.

Rickey había elegido a Jackie para romper la "barrera de color", no sólo porque fuera un buen jugador. Jackie era todavía muy joven en aquella época. Tenía 28 años, estudios universitarios y experiencia jugando con y contra jugadores blancos. Además, a Rickey le gustaba el hecho de que Jackie no reaccionara ante las burlas, amenazas y otros malos comportamientos a los que se enfrentaba por parte de los jugadores blancos.

Rickey también quería integrar el béisbol porque creía que traer a jugadores afroamericanos ayudaría a vender más entradas porque cada vez más aficionados afroamericanos se trasladaban a las grandes ciudades, ¡y su plan funcionó a la perfección!

Aunque Jackie se enfrentó a mucho racismo y hostilidad, tuvo una gran carrera. Llevó a los Dodgers a conquistar seis banderines de la Liga Nacional en 10 temporadas y ganó el primer premio al Novato del Año, un premio al Jugador Más Valioso (en inglés: *Most Valuable Player*, MVP) y un título de bateo.

Todos los equipos de la Grandes Ligas de Béisbol (MLB) retiraron el número 42 de Jackie Robinson en 1997. Ningún jugador de béisbol puede llevar ahora ese número en un campo de béisbol profesional.

Desde 2004, la MLB celebra el 15 de abril como el Día de Jackie Robinson. Ese día, todos los jugadores llevan el número 42 en sus camisetas en honor a Jackie Robinson.

Palabras sabias de Jackie

Durante su estancia en la Tierra, Jackie pronunció algunas famosas palabras de sabiduría; aquí tienes algunas de las citas más profundas de Jackie:

- *"Tuve que luchar duro contra la soledad, el abuso y el conocimiento de que cualquier error que cometiera se magnificaría porque era el único hombre negro ahí fuera..., pero nunca me importó la aceptación tanto como el respeto".* Jackie siempre fue realista con la gente y con el mundo que le rodeaba. Tenía especial interés en que todo el mundo recibiera el mismo trato. El jugador de béisbol afroamericano no era el favorito de algunos por la firmeza con la que defendía las cosas que eran importantes para él, y él estaba bien con eso.

- *"La posesión más lujosa, el tesoro más rico que alguien tiene, es su dignidad personal",* Jackie dijo esto para recordar a la gente que la dignidad es incluso mejor que el dinero o el oro. La dignidad se lleva por dentro, y nadie te la puede quitar. Debes tener un gran respeto por ti mismo para que los demás puedan tratarte con el respeto que mereces.

- *"Quiero que se me recuerde como un jugador de béisbol que dio todo lo que tenía que dar".* Jackie Robinson obviamente amaba el béisbol y quería ser conocido por sus habilidades en el campo, así que canalizó toda su energía en ser un gran jugador, practicando duro y jugando lo mejor posible cada juego. No se guardó nada y obtuvo la recompensa deseada.

- *"La vida no es un deporte de espectadores. Si vas a pasarte toda la vida en la grada sólo mirando lo que pasa, en mi opinión, estás malgastando tu vida".* Jackie creía que nadie debería vivir la vida en modo espectador (alguien que observa a otros jugar un juego). No conseguirán formar parte de la acción, y si eligen sentarse y mirar, se perderán las partes divertidas de la vida.

- *"La próxima vez que vaya al cine y vea la imagen de una niña normal y corriente que se convierte en una gran estrella... me lo* creeré. *Y siempre que oiga a mi mujer leer cuentos de hadas a mi hijo pequeño, la escucharé. Ahora sé que los sueños se hacen realidad".* Hubo momentos en la carrera de Jackie en los que dudó de sí mismo. No es raro sentirse así, pero Jackie siguió creyendo que sus sueños aún podían hacerse realidad, y así fue. ¡**Hizo** realidad la oportunidad de vivir su sueño!

Rompiendo barreras más allá del béisbol

Jackie Robinson no sólo fue un gran jugador de béisbol. También fue un activista de los derechos civiles. Durante la Segunda Guerra Mundial, Estados Unidos luchó contra el fascismo en otros países. (El fascismo es una forma de dirigir un país en la que el líder quiere controlarlo todo, como las leyes, el ejército e incluso lo que piensa la gente. Normalmente no permiten que la gente discrepe de ellos, y a veces tratan injustamente a las personas en función de sus antecedentes o creencias).

Estados Unidos luchó contra las naciones fascistas, que reprimían a la gente y destrozaban la economía. En esta época, los afroamericanos como Jackie Robinson se enfrentaban al racismo en casa. Aunque ayudaron mucho en la guerra, seguían siendo tratados injustamente y se les mantenía separados de los blancos debido a las leyes (llamadas *leyes Jim Crow)* que se aplicaban.

Las leyes Jim Crow eran normas que obligaban a los afroamericanos y a los blancos a estar separados unos de otros en todo momento. Por ejemplo, no podían ir a las mismas escuelas, ni sentarse juntos en los autobuses, ni beber agua de la misma fuente. ¡No era justo en absoluto!

Como persona dispuesta a luchar por los derechos de su pueblo, Jackie se unió al movimiento "Doble V". Este movimiento fue puesto en marcha por The Pittsburgh Courier, uno de los mayores periódicos afroamericanos de Estados Unidos. El movimiento estaba orientado a animar a los afroamericanos a luchar contra el fascismo en el extranjero al tiempo que luchaban contra el racismo en Estados Unidos, básicamente una *doble victoria.*

Para reforzar aún más lo que defendía, Robinson se mantuvo firme en un autobús en 1944, negándose a ceder su asiento a otra persona sólo por ser afroamericano.

Piensa en cómo fue.

Por aquel entonces, los afroamericanos seguían siendo tratados como si no fueran humanos debido a las generaciones de trata de esclavos que ensombrecieron la sociedad.

Mantenerte firme en un momento así era casi como mirar a un hombre armado a los ojos y decirle: "Puedes dispararme si quieres, pero no cambiaré de opinión". Ese era el tipo de valentía que tenía Jackie, *y tenía mucha*. Jackie no tenía miedo de exigir respeto, y eso le hacía destacar.

El 18 de julio de 1949, compareció ante el Comité de Actividades Antiestadounidenses de la Cámara de Representantes. Le llamaron para criticar a un hombre llamado Paul Robeson por sugerir que los afroamericanos no apoyarían a Estados Unidos. Jackie testificó, pero también señaló las luchas de los afroamericanos en Estados Unidos.

Dijo que, aunque Robeson hablara contra EE. UU. ninguna persona podía hablar en nombre de todos los afroamericanos. Robinson dijo al comité que los afroamericanos estaban enfadados antes de que existiera el Partido Comunista y seguirían enfadados hasta que desaparecieran las leyes que los mantenían segregados y discriminados.

Sin preocuparse por lo que el comité pensara de él, Robinson dejó claro su mensaje. Años después, Paul Robeson envió a Robinson una carta en la que le instaba a seguir hablando contra las injusticias. Robinson siguió este consejo.

Robinson escribió muchas cartas a personas influyentes, desafiándolas y elogiándolas cuando era necesario. Algunas de sus columnas fueron escritas de forma anónima (su nombre no figuraba en ellas), pero su mensaje se mantuvo firme.

Tras retirarse del béisbol, Robinson se convirtió en vicepresidente de una empresa cafetera llamada Chock Full O' Nuts, siendo el primer afroamericano en ocupar un puesto tan alto en una gran empresa estadounidense. Escuchó las preocupaciones de los empleados y apoyó a los trabajadores afroamericanos.

También escribió una columna para el New York Post en la que abordaba cuestiones como la masificación escolar. En 1958, Robinson escribió al presidente Eisenhower, criticándole por pedir a los afroamericanos que tuvieran paciencia con la discriminación.

También escribió a Richard Nixon en 1957, dándole las gracias por apoyar los derechos civiles. Ayudó a la campaña electoral de Nixon en 1960 porque pensaba que Nixon tenía un sólido historial en materia de derechos civiles. Dio a Nixon su apoyo incondicional hasta las elecciones presidenciales de 1968, pues creía que Nixon no comprendía las necesidades de los afroamericanos. Nixon agradeció a Robinson sus comentarios y le pidió ayuda para unir al país.

Robinson escribía a menudo a políticos como John F. Kennedy, instándoles a hacer más por los derechos civiles. En una carta, preguntaba si los afroamericanos debían conformarse con los avances del pasado o presionar para que se produjeran más cambios. Robinson elogió a Kennedy por sus esfuerzos en favor de los derechos civiles, pero continuó retándole a él y a otros líderes a hacerlo mejor. Robinson también escribió sobre líderes de los derechos civiles como Malcolm X y Martin Luther King Jr., quien apoyaba a King, pero a veces no estaba de acuerdo con algunas de sus acciones.

Jackie unió fuerzas con el famoso líder de los derechos civiles, Martin Luther King Jr. [8]

Unió sus fuerzas a las del famoso líder de los derechos civiles Martin Luther King Jr.

Juntos, fueron honrados como líderes de una marcha en Washington, D.C., que pedía escuelas integradas donde los niños afroamericanos y blancos pudieran aprender juntos. Martin Luther King Jr. veía claramente a Robinson como un héroe.

Cuando Robinson ingresó en el Salón de la Fama de los jugadores de béisbol en 1962, King le escribió una carta elogiándole. King dijo que las increíbles habilidades de Robinson en el béisbol y su lucha constante para que todos tuvieran las mismas oportunidades enorgullecían a los afroamericanos de toda América. La valentía y determinación de Robinson en el campo de béisbol y fuera de él ayudaron a allanar el camino hacia una sociedad más justa e igualitaria.

Moraleja

La moraleja de la historia de Jackie Robinson es que si eres valiente y nunca te echas atrás, puedes vencer casi cualquier cosa que te depare la vida. Jackie Robinson se enfrentó a varios retos debido al color de su piel, pero se mantuvo fiel a sí mismo y se centró en conseguir sus objetivos.

Amaba mucho el deporte y dejó que su pasión se convirtiera en su fuerza motriz. Esta es una lección importante porque te dice que incluso cuando alcanzar tu sueño parece imposible, aún puede ser posible si vas tras él con pasión.

Al igual que Jackie Robinson ayudó a introducir un cambio revolucionario en el juego del béisbol, tú también puedes cambiar las cosas a tu manera. Quizá sea defender a un amigo al que tratan injustamente, o quizá sea trabajar duro en la escuela para obtener las notas que deseas. Cada granito de arena cuenta, y si sigues avanzando con dedicación y determinación, puedes contribuir a hacer del mundo un lugar mejor.

Siempre que te enfrentes a una situación estresante, acuérdate de Jackie Robinson. Tú también tienes el mismo coraje y fuerza de voluntad dentro de ti. Puedes hacer casi cualquier cosa que te propongas siempre que creas en ti mismo y te mantengas fuerte.

Capítulo 2: La perseverancia de Jim Abbott

El lanzador zurdo Jim Abbott fue un campeón desde su nacimiento. Nacido con una mano derecha deforme, tenía problemas físicos y, sin embargo, se convirtió en uno de los atletas más célebres de su época. Pocas personas con semejantes malformaciones se atrevían a seguir una carrera en el béisbol

Jim nació sin mano derecha; su brazo terminaba donde debería haber estado su muñeca. Lo único que le quedaba era un colgajo suelto de piel. Sin importarle este grave problema, la actu-

El lanzador zurdo Jim Abbott fue un campeón desde su nacimiento [4]

ación de Abbott en el campo era tan fluida y eficaz como la de cualquier otro jugador. A veces, incluso superaba las expectativas de la gente. Su enfoque único del juego cautivaba a los aficionados y a sus compañeros jugadores de béisbol. Era un ejemplo vivo del poder de la determinación y la habilidad para superar las limitaciones físicas.

Jim llevaba un guante de béisbol diestro, con el bolsillo hacia abajo, que se convertía en una extensión de su corto brazo derecho. También tenía una rutina bien ensayada que daba al mundo una idea de lo dedicado que estaba a este deporte.

Verle hacer un lanzamiento con una sola mano con tanta gracia y habilidad se convirtió en una inspiración para muchos. Su éxito demostró que, con pasión y persistencia, se puede hacer realidad cualquier cosa. Dos fuerzas más que capaces de empujar a cualquiera hasta cimas inimaginables.

Primeros años de Jim Abbott

Sí, nació con un reto físico, pero Jim Abbott no permitió que su historia se definiera por la parte del cuerpo que no tenía. Sus padres, Mike y Kathy Abbott, aún eran adolescentes cuando él nació. Por supuesto, tuvieron algunos problemas para criar a un niño con una discapacidad, pero se dedicaron a ello. Hicieron todo lo que pudieron para crear una vida normal para su bebé.

Mientras Mike hacía malabarismos con la venta de coches y los trabajos de empaquetado de carne, Kathy cuidaba de su hijo e intentaba continuar su educación en casa. Su esfuerzo y dedicación acabaron dando sus frutos. Los dos obtuvieron sus títulos universitarios y se aseguraron carreras de éxito, Mike en la administración y Kathy como profesora y más tarde como abogada.

Los padres de Jim reconocieron su temprano interés por los deportes y decidieron comprarle un balón de fútbol, con la esperanza de que participara en una actividad deportiva que no requiriera las dos manos. Pensaron que el pequeño Jimmy preferiría dar patadas a los balones, ya que sólo tenía una mano, pero el corazón de Jim pertenecía al béisbol, el deporte con el que estaba familiarizada la mayoría de la gente del barrio.

Se había enamorado de este deporte y quería demostrar a otros niños que él también podía jugar. Irónicamente, fue su hermano pequeño, Chad, quien eligió jugar al fútbol. Jim se centró en mejorar su coordinación mano-ojo, una habilidad que se convertiría en legendaria.

Pasó incontables horas desarrollando una técnica única.

Piensa en el joven Jim como si fuera un vecino de tu calle. Siempre le ves lanzar una pelota de goma contra una pared de ladrillo y atraparla una vez. Era un truco muy ingenioso para alguien como él. Cogía la pelota cuando rebotaba y la transfería rápidamente a su mano de lanzar, todo ello con una rapidez y precisión sorprendentes.

Su padre le ayudó a perfeccionar el cambio guante-mano, que se convirtió en una constante en su carrera. Cada año que pasaba, Jim se acercaba más a la pared, y sus habilidades para lanzar y atrapar mejoraban hasta que se convirtió en un maestro.

Un lanzador con una sola mano

Jim Abbott era un joven de Míchigan que hacía lo imposible con cada pelota que lanzaba. ¡Tuvo la oportunidad de subir al montículo para el equipo de EE. UU. en los Juegos Olímpicos de Verano de 1988 en Seúl, Corea del Sur!

Incluso sin su mano derecha, había dominado sus habilidades hasta un nivel casi sobrenatural. Utilizaba el brazo izquierdo tanto para lanzar como para fildear. En aquel ambiente, lleno de gente enérgica que le observaba con los ojos muy abiertos, Abbott ofreció una actuación que permaneció en la memoria de la gente durante años. Fue una actuación que llevó a Estados Unidos a una medalla de oro no oficial.

Ni siquiera era la primera vez que Abbott ganaba un juego importante. En la Universidad de Míchigan era un deportista popularmente conocido y dos veces campeón de la Big Ten (en español: *Conferencia de los 10 Grandes*).

En 1987, se convirtió en el único jugador de béisbol galardonado con el Premio Jim Sullivan. Fue reconocido como el mejor deportista aficionado del país. Este premio le convirtió en una persona aún más inspiradora para su generación y las generaciones venideras.

La Universidad de Míchigan le honró aún más retirando su camiseta. En 2007 ingresó en el Salón de la Fama del Béisbol Universitario, en el Salón de Honor Atlético de la Universidad de Míchigan y en el Salón de la Fama del Deporte de Míchigan en 2004. Dejó un legado tanto en las estadísticas como en los corazones de los aficionados que fueron testigos de su éxito.

En 1988, hubo un *draft* en curso en las Grandes Ligas de Béisbol. Varios cazatalentos pasaron por alto a Abbott en cierta medida, - los

Ángeles de California (California Angels) quedaron cautivados por él. Vieron a un lanzador que tenía algo diferente que ofrecer con su estilo único y su inquebrantable concentración. Le eligieron octavo en el *draft*, y así comenzó su viaje profesional, que consolidaría su lugar en la historia del béisbol.

Su temporada de novato en 1989 fue prometedora, con un récord de victorias y derrotas de 12-12. Al menos fue un empate, ¡y ayudó a su equipo a conseguir ese récord lanzando con una sola mano!

Sin embargo, 1991 le vio brillar de verdad.

Con un impresionante récord de 18-11 y un promedio de carreras limpias permitidas (en inglés: *Earned Runs Average,* ERA) inferior a 3,00, acabó en un ajustado tercer puesto en la votación para el premio Cy Young, un honor para los mejores lanzadores. A veces ganaba y a veces perdía, pero su impacto iba mucho más allá de los juegos que jugaba.

Entonces llegó el 4 de septiembre de 1993, una fecha para recordar en la historia del béisbol. Ahora miembro de los Yankees de Nueva York (New York Yankees), Abbott se enfrentó a los Indios de Cleveland (Cleveland Indians). El juego se desarrolló como un sueño, ya que Jim Abbott lanzó un encuentro completo sin *hit.* Fue algo pocas veces visto. La gente no podía creer lo que veían sus ojos.

Incluso Abbott seguía sorprendido de lo que había conseguido en el campo los días siguientes al partido. Sus seguidores de todo el país no podían dejar de celebrarlo. La victoria no fue sólo para Abbott, sino para todos los que se atrevieron a soñar.

El viaje de Jim Abbott estuvo lleno de altibajos, victorias y derrotas. Dejó claro que cualquiera puede superar retos e ir más allá de lo que los demás esperan de él. Su impacto en el béisbol no puede olvidarse, no sólo porque fue un jugador de talento, sino también por las numerosas personas a las que ha inspirado con su carrera.

La técnica detrás de la magia

¿Has oído hablar de la técnica Jimmy? ¿No? Bueno, a Jim Abbott se le ocurrió una técnica asombrosa que le ayudó a hacer su magia con la pelota de béisbol. Ahora, imagínate a Jim Abbott en su gloria de 1,90 m, listo para soltar un lanzamiento, pero a diferencia de otros lanzadores, no lleva guante en la mano con la que lanza. En su lugar, el guante descansa en el extremo de su brazo derecho, ¡el brazo sin mano!

A continuación, lanza la pelota con la mano izquierda, que sale despedida en una ráfaga de velocidad y estrategia. Pero en el momento en que la pelota sale de su alcance, introduce rápidamente la mano en el guante que le espera en el lado derecho, con un movimiento suave y practicado que ha dominado durante incontables horas.

Esta rápida transición y esta recepción con una sola mano eran su clave. Le permitía atrapar toques de bola, roletazos, cualquier cosa que pudiera atrapar un jugador de campo con las dos manos, allí mismo, cerca del montículo del lanzador. Tras asegurar la pelota en el guante, metido entre el brazo y el torso, retiraba la mano y el guante se convertía en una funda temporal.

Aquí es donde ocurría la verdadera magia, y no era raro que consiguiera una doble jugada tan deslumbrante. Sus movimientos dejaban boquiabiertos a los bateadores y al público.

Jim Abbott no intentaba impresionar al público con esta técnica única, ni mucho menos. Tenía que adelantar a su equipo en el juego. Los equipos que eran conscientes de su desventaja con una sola mano le bombardeaban con toques de bola, con la esperanza de explotar su debilidad.

Lo que no entendían era que Jim estaba acostumbrado a que lo subestimaran. Convirtió fácilmente sus habilidades de adaptación en su fuerza. Practicaba incansablemente y se concentraba en convertir un posible defecto en un arma. Se convirtió en un maestro de lo inesperado, un mago con una sola mano que podía cerrar las jugadas con eficacia.

La discapacidad de Jim Abbott se convirtió en la escalera que le ayudó a ascender a las alturas de la grandeza.

La defensa de Abbott

A Jim le costó un poco al principio afianzarse, pero después se lanzó a por todas como si tuviera la misión de demostrar que el mundo estaba equivocado.[5]

Nacido en un mundo en el que la gente utiliza las manos para hacer casi todo, Jim Abbott luchó contra este reto toda su vida. De pequeño, tuvo que crecer como un niño raro con una sola mano. De algún modo, años más tarde en la vida, figura como uno de los 16 primeros jugadores que debutaron como profesionales en las Grandes Ligas.

Su incorporación a la liga causó mucho revuelo. La gente creía que no era más que otro truco publicitario del representante de Jim para llamar la atención de los medios, pero no era así en absoluto. A Jim le costó un poco al principio afianzarse, pero después se lanzó a por todas como si tuviera la misión de demostrar al mundo que estaba equivocado.

Tachó eso de su lista de deseos al ganar 12 juegos con un ERA de 3,92 en su temporada de novato. En su primera temporada como profesional, en 1989, ganó más juegos como debutante que ningún otro jugador sin experiencia previa en las Grandes Ligas.

Siempre que estaba en el montículo, Jim llevaba un guante de béisbol derecho en el extremo del brazo derecho. Después de lanzar la pelota, pasaba rápidamente el guante a la mano izquierda para atrapar cualquier *hit*. No era fácil conseguirlo. Estaba comprometido con la superación personal, y eso le animaba tanto que, incluso de niño, no dejaba que su discapacidad le frenara.

Dominó sus habilidades lanzando y fildeando una pelota contra una pared. Su dedicación fue tal que sentó las bases de su envidiable carrera en el futuro. Su firme creencia en sí mismo también se vio en el campo de fútbol americano, donde llevó a su equipo de la secundaria a la final del campeonato estatal como su mariscal de campo (en inglés: *Quarterback*, QB). Sin embargo, el campo de béisbol llamaba su nombre con una voz más fuerte.

En la Universidad de Míchigan, Jim Abbott se convirtió rápidamente en un deportista estrella. Llevó a los Wolverines (en español: *Glotones de Míchigan*) a ganar títulos de la Big Ten. Su excepcional talento le valió grandes premios, como el premio Golden Spikes, en reconocimiento a cómo dominaba los juegos de béisbol durante su época universitaria. Jim Abbott y su asombrosa técnica no se vieron limitados en ningún momento por las fronteras nacionales.

En 1987, grabó su nombre en la historia al convertirse en el primer lanzador estadounidense en derrotar a un equipo cubano en su propio campo, en 25 años. Esta victoria fue un peldaño en su camino hacia la grandeza. A continuación, condujo al equipo de EE. UU. a una medalla de plata en los Juegos Panamericanos, que culminó con una histórica medalla de oro en los Juegos Olímpicos de Verano de 1988. Esta victoria supuso la primera vez que el béisbol estadounidense se hacía con el oro olímpico, una hazaña lograda gracias a la extraordinaria destreza de Abbott como lanzador.

Tras una temporada de debut clave con los Ángeles de California, cimentó su legado con un juego sin hits para los Yankees de Nueva York en 1993, y los amantes del béisbol de todo el mundo siguen hablando de ello. La vitrina de trofeos de su casa rebosaba de galardones como el Premio Sullivan, honores al Atleta del Año y numerosos reconocimientos en Míchigan.

Ha sido reconocido dos veces como Atleta del Año de March of Dimes. También ha recibido el Premio al Coraje de la Academia de Deportes de los Estados Unidos, el Premio a la Victoria de 1991 en el Kennedy Center de Washington D.C. y el Premio Free Spirit del Freedom Forum.

Son premios que le honran por llevar el coraje como una segunda piel y lograr lo que mucha gente pensaba que era incapaz de conseguir. Sigue siendo una inspiración para los aspirantes a deportistas.

En la actualidad, Jim Abbott viaja por todo el mundo como reputado orador motivacional, y personas de distintos ámbitos de la vida se identifican con su historia. No sólo habla de sus logros, sino que también motiva a los demás para que superen sus propios retos y alcancen todo su potencial.

Cuando tuvo la oportunidad, Jim se unió rápidamente a la Oficina de Política de Empleo para Discapacitados (en inglés: *Office of Disability Employment Policy*, ODEP) del Departamento de Trabajo de los Estados Unidos y a las Grandes Ligas de Béisbol para ayudar a concienciar sobre el talento que pueden ofrecer las personas con discapacidad para la campaña PITCH (Proving Individuals with Talent Can Help, *Demostrando que las personas con talento pueden ayudar*). También es filántropo (persona que ayuda a los demás dando dinero, tiempo o recursos para hacer del mundo un lugar mejor), y su generosidad se extendió a organizaciones que apoyan a niños necesitados. Donó 100.000 dólares a Amigos de los Niños para ayudar a los niños de California.

Jim Abbott apareció en muchos periódicos como USA Today, Newsweek, Time, Sports Illustrated, Parade, People y Baseball America. Su historia apareció en canales de televisión como ESPN, Good Morning America, CNN, Larry King Live, Phil Donahue, George Michael Sports Machine, NBC Nightly News, ABC News Person of the Week, Late Night with David Letterman y Boy Meets World.

Sigue siendo muy querido en el mundo del deporte e inspira a todos los que le conocen. Además de su juego sin *hit*, su juego con 13 ponches y su racha de siete juegos ganados, Jim Abbott fue un gran jugador y una gran persona. Superó sus retos físicos e inspiró a otros.

Jim Abbott, que vive en California con su mujer y sus preciosos hijos, inspira y guía a los jóvenes como orador deportivo. Comparte su increíble historia y sus lecciones sobre cómo la decisión de no rendirse nunca puede llevarte lejos en la vida. Aunque ha hecho muchas cosas buenas, es muy humilde y con los pies en la tierra.

Su capacidad para adaptarse fácilmente le hizo bueno en el béisbol, y mostró a los demás a cómo adaptarse y seguir intentándolo. Cree que todas las personas son capaces de mucho más de lo que ellos mismos reconocen.

Moraleja

Jim Abbott nació sin mano derecha, pero demostró que la determinación y la persistencia pueden superar cualquier obstáculo. Mediante la práctica constante y creyendo en sí mismo, convirtió su limitación física en una fuerza única. Se convirtió en un célebre lanzador de béisbol. No puedes convertirte en una persona célebre si no eres constante.

Su viaje desde un joven discapacitado hasta una estrella de las ligas mayores demuestra que el trabajo duro y una actitud positiva pueden conducir a logros increíbles. La historia de Abbott enseña una lección muy importante: puedes alcanzar la grandeza e inspirar a otros si te niegas a dejar que nada te derribe.

Jim Abbott se enfrentó a muchas dudas del mundo que le rodeaba, pero eligió hacer lo que le gustaba. Su trayectoria comenzó con un simple amor por el béisbol, un deporte del que se apartarían las personas con su tipo de dificultad. Dejó crecer su amor por el juego hasta que floreció como una hermosa flor.

Esta es tu llamada a creer en ti mismo [6]

Esta es tu llamada a creer en ti mismo. Como Jim, averigua qué te hace feliz y dedícate a dominar esa habilidad. También puedes convertir lo que parece una desventaja en una poderosa ventaja. Nunca te digas a ti mismo: "No puedo hacerlo".

El éxito de Jim en el campo ha sido asombroso, desde llevar a su equipo de la escuela secundaria a la final del campeonato estatal hasta ganar una medalla de oro en los Juegos Olímpicos de Verano de 1988. Lanzar un juego sin *hits* para los Yankees de Nueva York demuestra que el potencial oculto puede conducir al éxito si decides intentar hacer algo con él.

El apoyo y la determinación de la familia de Abbott también contribuyeron a su éxito. Los esfuerzos de sus padres por proporcionarle un entorno alentador supusieron un gran ejemplo para Jim, haciéndole sentirse querido y apreciado.

Este entorno le ayudó a mantenerse centrado y a no rendirse nunca. Sus padres eran buenos modelos de conducta.

¿Tienes un modelo a seguir? ¿A quién admiras? Si tus padres son tus modelos, estupendo. Si no, ¡busca uno! Tener un modelo a seguir puede marcar una gran diferencia en tu vida. Te ayuda a tener más confianza en ti mismo, a ser más responsable y decidido.

Has leído sobre los logros de Abbott en el béisbol y su apoyo a otras personas discapacitadas. Guárdalo cerca de tu corazón, porque puedes superar incluso los retos más difíciles e inspirar a otros por el camino. La verdadera grandeza no está en la ausencia de retos, sino en la capacidad de superarlos y perseguir tus sueños hasta hacerlos realidad.

Las frases más célebres de Jim Abbott

- *"Nunca permitas que las circunstancias de tu vida se conviertan en una excusa. La gente te permitirá hacerlo. Pero creo que tenemos la obligación personal de aprovechar al máximo las capacidades que tenemos".*

- *"Las adaptaciones que hacía fuera del campo se estaban convirtiendo en mi fuego en el campo. Si la gente iba a buscarme deficiencias, que yo estaba seguro de que lo harían, no las encontrarían al final de mi bola rápida, ni en mi capacidad para fildear un toque de bola, ni en el marcador".*

- *"De hecho, lo que me impulsaba eran las pocas expectativas que la gente tenía de mí, sobre todo en situaciones nuevas. Insistí en demostrarles lo que podía hacer".*

- *"Espero que lo que la gente haya aprendido al verme es que el hecho de hacer las cosas de forma un poco diferente no significa que no puedas hacerlas igual de bien".*

- *"Creo sinceramente que los momentos difíciles y las decepciones pueden empujarnos a encontrar habilidades y fortalezas que no sabríamos que existen sin la experiencia de lucha".*

- *"¿Y si pudiéramos empezar a ver los retos como una oportunidad? ¿Como una oportunidad de probarnos a nosotros mismos? ¿Como una oportunidad de revelar nuestra fuerza interior?".*

Capítulo 3: La gracia de Gehrig bajo presión

Lou Gehrig es un nombre que está colgado para siempre en las paredes de la historia del béisbol.

Lou Gehrig es un nombre que está colgado para siempre en las paredes de la historia del béisbol. Fue una auténtica leyenda del béisbol. Un grupo de escritores de la Asociación de Béisbol le votó como el mejor jugador de primera base de todos los tiempos. ¿Sabes lo que significa ser un jugador de primera base? Un jugador de primera base es un jugador responsable de atrapar los lanzamientos, impedir que los corredores roben la segunda base y recibir los lanzamientos para enviar rápidamente la pelota a otra base.

Desde muy joven, se encendía como fuegos artificiales ante la mención de los deportes. El béisbol y el fútbol americano eran sus campos de juego, y todo el mundo veía el talento que tenía. Como único superviviente entre sus hermanos, tenía una profunda conexión con su madre y estaba decidido a hacerla sentir orgullosa.

Durante la época de Lou Gehrig como jugador profesional de béisbol, muchos aficionados se asombraban de su habilidad y rendimiento, y los equipos contrarios temblaban cuando le veían. Con su altura, sus potentes *swings* y sus sonoros *hits*, era como un gigante.

Su increíble resistencia y fuerza en el campo le valieron el apodo de "Iron Horse" (*Caballo de Hierro*). La gente le comparaba con un caballo porque los caballos son conocidos por su fuerza y potencia.

Durante quince años, Gehrig estuvo siempre en la alineación de los Yankees de Nueva York. Fue una presencia tan constante que jugó en 2.130 juegos. ¿No es increíble? Con este número de apariciones en el campo, batió un récord, y su récord se mantuvo durante más de 56 años. No se perdió ni un solo juego. Algunos incluso podrían llamarle sobrehumano.

Lamentablemente, cuando Gehrig tenía 36 años, le diagnosticaron esclerosis lateral amiotrófica (ELA), una enfermedad que dificulta el trabajo de los músculos de una persona. Con el tiempo, el cerebro no puede decir a los músculos lo que tienen que hacer, por lo que las personas con esta enfermedad pierden lentamente la capacidad de moverse, hablar e incluso respirar. Es como si el sistema de control del cuerpo dejara de funcionar, pero la mente de la persona sigue siendo aguda. Los científicos intentan encontrar una cura, pero de momento no la hay.

Esto destrozó su carrera en el béisbol. Los médicos le dijeron que sólo le quedaban tres años de vida. Eso era todo lo que podían darle.

Una semana después de que le dijeran que empezara a hacer las maletas para dejar este mundo, acudió al estadio y anunció su retirada a sus seguidores y simpatizantes. La gente a la que le encantaba verle jugar estaba descorazonada. Sus fans no podían creer que su jugador favorito abandonara el juego. Esperaban que volviera. Anhelaban ver una vez más a su héroe, pero esa oportunidad nunca llegó.

Gehrig se declaró a sí mismo "el hombre más afortunado sobre la faz de la Tierra" en su famoso discurso. Dio las gracias a todas las personas que le habían apoyado en su viaje desde joven soñador a célebre jugador de béisbol. Fue un momento triste, y dejó huella en la vida de quienes le querían entrañablemente.

Primeros años de Lou Gehrig

Lou Gehrig, nacido Henry Louis Gehrig el 19 de junio de 1903, llegó al mundo en un entorno humilde del barrio de Yorkville, en Manhattan. Pocos años antes de su nacimiento, sus padres, inmigrantes alemanes, Christina Foch y Heinrich Gehrig, se habían trasladado a América en busca de una vida mejor.

Tuvieron cuatro hijos, pero dos de ellos murieron a causa de la tos ferina, y otro murió en la infancia, dejándoles con su pequeño Lou. Su infancia no fue muy buena. Para empezar, su padre, Heinrich, tenía problemas con la bebida.

Esto significaba que la madre de Gehrig, Christina, tenía que dar un paso adelante y convertirse en el sostén de la familia. Aceptó trabajos como cocinera y ama de llaves, trabajando incansablemente para llegar a fin de mes y mantener a su pequeña familia.

A los once años, la vida de Lou dio un giro interesante cuando su madre consiguió un trabajo cocinando y limpiando para la casa de la fraternidad Sigma Nu de la Universidad de Columbia. Mientras Christina trabajaba en la cocina, el joven Lou solía unirse a ella para ayudar con los platos. Juntos, madre e hijo trabajaban para poner comida en su mesa.

Cuando se trataba de deportes, Gehrig era un atleta de talento natural. Siempre que se unía a sus amigos para jugar al béisbol, era imbatible. Todos querían que estuviera en su equipo. Era conocido por su risa y su impresionante tamaño para su edad.

Gehrig y su familia pasaron una breve temporada en Columbia, pero dejó una impresión duradera en el muchacho. Por casualidad, el director deportivo que había dirigido la casa Sigma Nu vio a Lou jugando al béisbol en su escuela secundaria. Rápidamente lo reconoció como el joven que estaba muy contento de ayudar a su madre en su trabajo. El director vio el potencial de Lou y le convenció para que asistiera a Columbia con una beca de fútbol americano.

A los 16 años, Lou ya era un tipo grande. Pesaba 230 libras (casi 105 kilos) en su último año de secundaria. Lou tenía muchas dudas sobre si presentarse a los exámenes universitarios, pero los hizo con valentía y le fue bien en los cursos de preparación. Consiguió una plaza en la Universidad de Columbia.

Durante los dos años siguientes, compaginó sus estudios con la práctica del fútbol americano como placaje (en inglés: *tackle)* derecho. Sin embargo, durante la primavera se centraría exclusivamente en el béisbol. Empezó en primera base, pero más tarde pasó a lanzar para el equipo universitario.

Una tarde de primavera, mientras jugaba un partido, conectó un enorme jonrón tan alucinante que causó sensación y atrajo mucha atención. El cuadrangular superaba los 400 pies de longitud, y eso no sólo era algo grande, sino enorme para alguien de su edad. El juego llamó la atención de los cazatalentos profesionales, y poco después Lou recibió ofertas de varios equipos.

Elegir jugar profesionalmente era un asunto serio para la familia de Lou. Ya estaban pasando apuros económicos, y la enfermedad de su padre no daba tregua. Cuando se abrió la puerta de la oportunidad, Gehrig se lanzó sin mirar atrás. Fichar por los Yankees de Nueva York no sólo significaba una prometedora carrera para Lou, sino también estabilidad económica para su familia.

Fichar por los Yankees de Nueva York no sólo significaba una prometedora carrera para Lou, sino también estabilidad económica para su familia.[8]

La madre de Lou dudó inicialmente del béisbol, pero acabó cediendo. Quería que su hijo fuera a la universidad y que ella se sintiera orgullosa de ser madre de un licenciado, pero la oportunidad de aliviar sus problemas económicos era más importante. Incluso después de que Lou se hiciera famoso, su madre hablaba de su época universitaria. A menudo le llamaba "Columbia Lou", un recordatorio de lo lejos que había llegado y de su constante apoyo hacia él.

Los mejores imparables de Lou Gehrig

Yankees contra Browns

El 23 de agosto de 1935, los Yankees de Nueva York jugaban contra los Browns de San Luis (St. Louis Browns) en el Sportsman's Park. En la primera entrada, Gehrig ayudó a su equipo, los Yankees, a adelantarse en el marcador. Su paciencia estratégica en el plato permitió a su equipo aprovechar la oportunidad y marcar la carrera de la victoria.

A medida que el juego avanzaba hacia la quinta entrada, Gehrig hizo gala de sus habilidades ofensivas conectando un jonrón. Este potente batazo amplió la ventaja de los Yankees a 2-0, haciéndoles sentir más cómodos en el encuentro. Sin embargo, los Browns demostraron ser dignos oponentes, ya que de alguna manera consiguieron empatar el juego a 3-3 al final de las nueve entradas reglamentarias.

Esto provocó más tensión en la novena entrada. Gehrig tuvo la oportunidad de romper el empate con la carrera de ventaja en tercera base y dos *outs*. Desafortunadamente, fue eliminado por un elevado de *foul*, perdiendo la oportunidad de asegurar la victoria de los Yankees en ese momento. El juego se trasladó entonces a la prórroga, prolongando el dramatismo y poniendo a prueba la resistencia de ambos equipos.

El momento de redención de Gehrig llegó en la decimotercera entrada. Con dos corredores en base y dos *outs*, se enfrentó a una jugada que podía decidir el destino de su equipo. Por suerte, esta vez Gehrig no flaqueó. Aprovechó el momento y envió un jonrón de tres carreras a lo más profundo del solárium del jardín derecho.

Su golpe decisivo en ese partido dijo mucho sobre su capacidad para rendir bien, cuando todo el juego dependía de él. Prácticamente selló la victoria de los Yankees con un resultado final de 6-3. La contribución de Gehrig a este reñido juego se vio en la Probabilidad de Victoria Añadida (en inglés: *Win Probability Added*, WPA) de 0,705 de sus imparables. Su actuación dio un impulso positivo al resultado del juego. No es de extrañar que fuera considerado uno de los mejores jugadores de su época.

Medias Blancas contra Yankees

El 26 de agosto de 1935, el partido entre los Medias Blancas de Chicago (Chicago White Sox) y los Yankees de Nueva York jugado en el Comiskey Park terminó con una ajustada victoria por 9-8 para los Medias Blancas. Gehrig hizo un gran esfuerzo para llevar a su equipo de la retaguardia a la cabeza. Al principio perdían por 5-1.

El juego dio un giro cuando Gehrig bateó un sencillo al jardín derecho, haciendo que Red Rolfe anotara. A medida que el encuentro avanzaba hacia la octava entrada, el jonrón de Gehrig acercó a los Yankees otra carrera más respecto a los Medias Blancas. En la novena entrada, los Yankees consiguieron empatar el juego anotando dos carreras.

Al comienzo de la décima entrada, Gehrig bateó un doble, pero su equipo no anotó ninguna carrera con él. Más tarde, en la decimotercera entrada, con un corredor en segunda base y dos *outs*, el equipo contrario eligió darle un boleto intencional a Gehrig. Esto significa que le dieron deliberadamente un pase libre a primera base para evitar lanzarle.

Su presencia en la base le permitió anotar gracias a un *hit* de George Selkirk, dando a los Yankees una ventaja temporal. Sin embargo, los Medias Blancas consiguieron anotar dos veces en la parte baja de la decimotercera entrada, volviendo a empatar el juego.

Decidido a llevarse la victoria a casa, Gehrig dio la vuelta a la tortilla con habilidad y justo a tiempo, ya que conectó otro jonrón, poniendo a los Yankees por delante una vez más con un marcador de 8-7. Sintiéndose amenazados por sus esfuerzos, los Medias Blancas respondieron en la parte baja de la decimoquinta entrada con dos carreras, y se convirtieron en los vencedores del partido.

La actuación de Gehrig en este encuentro fue notable. Aportó una Probabilidad de Victoria Añadida (WPA) de 0,526, aunque no fue suficiente para que los Yankees consiguieran la victoria.

Yankees contra Medias Rojas

El 31 de julio de 1930, los Yankees de Nueva York jugaban un emocionante partido contra los Medias Rojas de Boston (Boston Red Sox), y ganaban por un ajustado resultado de 14-13. En la primera entrada, Lou Gehrig bateó una pelota que permitió a Babe Ruth marcar. Babe Ruth es otra asombrosa leyenda del béisbol sobre la que podrás leer en los próximos capítulos.

La jugada fue aún mejor para los Yankees cuando el jardinero central de los Medias Rojas, Tom Oliver, dejó caer la pelota. Su error fue una ventaja adicional para los Yankees. Dos entradas más tarde, cuando los Yankees iban ganando por 3-2, Gehrig bateó un doble. Este potente imparable permitió a su compañero Lyn Lary anotar, y el propio Gehrig anotó poco después en un sencillo de otro compañero llamado Tony Lazzeri.

En la sexta entrada, el partido estaba empatado a 6-6. Gehrig llegó al plato y bateó otro doble, esta vez al jardín derecho, que hizo que sus compañeros Ed Wells y Earle Combs anotaran. Este imparable inició una gran entrada para los Yankees. Marcaron cuatro carreras en total gracias a ello.

En la séptima entrada, los Yankees se aferraban a una escasa ventaja de 10-9. Parecía que la ventaja se les podía escapar de las manos en cualquier momento. Entonces Gehrig salió a batear con las bases llenas. Aprovechó el momento y conectó un jonrón en los asientos del jardín derecho del Fenway Park.

Este batazo fue nada menos que un *grand slam*. Añadió cuatro carreras muy necesarias al marcador de los Yankees. Estas carreras resultaron ser suficientes para que los Yankees ganaran el juego contra los Medias Rojas. La actuación de Gehrig en este partido tuvo un gran impacto, con una Probabilidad de Victoria Añadida (WPA) de 0,656.

Yankees contra Atléticos

El 3 de junio de 1932, los Yankees de Nueva York jugaron contra los Atléticos de Filadelfia (Philadelphia Athletics) en un partido de alta puntuación que terminó con la victoria de los Yankees por 20-13. Este juego es una de las actuaciones más famosas de Lou Gehrig.

En la primera entrada, con su compañero Jack Saltzgaver en la base, Gehrig bateó un jonrón contra el lanzador George Earnshaw de los Atléticos de Filadelfia, poniendo a los Yankees por delante. Siguió dominando el partido en la cuarta entrada con su segundo jonrón, de nuevo ante Earnshaw.

Luego, en la quinta entrada, después de que Babe Ruth bateara un jonrón, Gehrig le siguió con su tercer jonrón del día. A pesar de estos increíbles batazos, los Yankees seguían perdiendo por 8-7.

El juego siguió siendo una batalla de idas y venidas. Cuando Gehrig salió a batear por cuarta vez, los Yankees perdían 10-9. Enfrentándose a un nuevo lanzador del equipo contrario, Roy Mahaffey, Gehrig bateó otra bola rápida.

Esta vez, la pelota se elevó por encima del alto muro del jardín derecho, marcando su cuarto jonrón del juego. Con este potente imparable, se hizo historia. Gehrig se convirtió en la tercera persona que bateaba cuatro jonrones en un partido, ¡y *la primera* que lo hacía en el siglo XX!

Más tarde en el juego, Gehrig bateó un roletazo, pero tuvo una oportunidad más de contribuir en la novena entrada. Aunque no conectó otro jonrón, sí bateó un *fly* de sacrificio que trajo una carrera. La Probabilidad de Victoria Añadida (WPA) de Gehrig fue de 0,539. Aumentó las posibilidades de victoria de su equipo con su excelente juego.

Yankees contra Medias Blancas

El 30 de agosto de 1932, los Yankees de Nueva York jugaron contra los Medias Blancas de Chicago. El partido acabó con victoria de los Yankees por 6-5. Los Yankees ganaban el juego por 1-0 en la primera entrada. Lou Gehrig salió a batear con dos *outs* y corredores en base, concretamente sus compañeros de equipo, Earle Combs y Babe Ruth. Gehrig bateó un potente jonrón al jardín central, enviando la pelota lejos, a lo más profundo de las gradas del Yankee Stadium, y la pelota desapareció totalmente de la vista.

Este impresionante jonrón de tres carreras dio a los Yankees una temprana ventaja. Sin embargo, los Medias Blancas no se dejaron vencer fácilmente. Se defendieron y consiguieron una delantera de 5-4 cuando el partido entraba en la octava entrada. Con dos *outs*, el relevista de Chicago, Paul Gregory, se enfrentó a Babe Ruth y cometió un grave error: ¡le dio un boleto intencional!

Este error dio a Lou Gehrig otra oportunidad de batear. Como no era de los que decepcionaban, Gehrig bateó otro jonrón, esta vez poniendo a los Yankees por delante 6-5. Su actuación dio a los Yankees la remontada y la victoria.

Con su impresionante y oportuno jonrón, él solo cambió el impulso del juego a favor de este equipo. La Probabilidad de Victoria Añadida (WPA) de Gehrig en este partido fue de 0,822.

Coraje fuera del campo

Es un hecho que Gehrig hizo muchos jonrones y jugó más de 2.000 juegos con los Yankees de Nueva York, pero ¿sabes qué? Lou Gehrig fue algo más que una superestrella legendaria del béisbol. Lo que realmente le hizo tan especial y se ha celebrado durante décadas es cómo afrontó su enfermedad con tanta bondad y valentía.

Esta enfermedad llamada esclerosis lateral amiotrófica, también conocida como ELA, le arrebató la capacidad de jugar al juego que amaba. Sin embargo, Lou Gehrig no utilizó eso como excusa para rendirse.

Los Yankees tienen un gran estadio en Nueva York, llamado simplemente Yankee Stadium. El 4 de julio de 1939, Lou Gehrig pronunció allí un discurso que la mayoría de la gente no ha olvidado. Más de 62.000 aficionados acudieron para homenajear al jugador de béisbol.

A su discurso lo llaman el discurso del "hombre más afortunado". Aunque sabía que ya no podría jugar al béisbol a causa de la ELA, se levantó delante de toda aquella gente y dijo: "Hoy, me considero el hombre más afortunado de la faz de la Tierra". Esas palabras fueron la forma que tuvo Gehrig de asegurar a la gente que, incluso cuando te enfrentas a altibajos en la vida, puedes seguir siendo agradecido y valiente.

La ELA es una enfermedad tan grave que dificulta el movimiento de tu cuerpo [9]

La ELA es una enfermedad tan grave que dificulta el movimiento de tu cuerpo. Antes de que Lou Gehrig enfermara, no mucha gente la conocía. La enfermedad se descubrió por primera vez en 1869, y era muy rara. Por tanto, mucha gente no tenía ni idea de lo que era. La situación de Gehrig creó conciencia, y más gente empezó a prestar atención.

Cuando falleció en 1941, aún más gente conoció la ELA. Su muerte inspiró la recaudación de fondos para encontrar una cura para esta terrible enfermedad. ¿Y adivina qué? La gente suele llamar a esta enfermedad "enfermedad de Lou Gehrig". Es una forma de recordarle y de concienciar a la gente sobre la ELA para que puedan ayudar a encontrar una cura.

La historia de Lou Gehrig es tan inspiradora que todos los años las Grandes Ligas de Béisbol celebran un día especial llamado el Día de Lou Gehrig. Es una forma de honrarle y recaudar más dinero para luchar contra la ELA. Su valentía frente a la enfermedad marcó una gran diferencia en la sociedad. Puede que Lou Gehrig ya no juegue al béisbol, pero su legado de fuerza y esperanza sigue inspirando a todo el mundo.

Lecciones del Caballo de Hierro

La historia de Lou Gehrig no trata sólo de béisbol y un bate. Muestra el poder de la determinación, la importancia de la familia y cómo afrontar los retos con valentía y gracia. Su éxito no fue fácil.

Desde muy joven, nunca ocultó su amor por el deporte y trabajó duro para mejorar sus habilidades. Su dedicación dio sus frutos cuando se convirtió en uno de los mejores jugadores de béisbol de la historia. La historia de Gehrig te recuerda que si trabajas duro y mantienes tu determinación, puedes conseguir grandes cosas, incluso cuando el camino es duro.

La estrecha relación de Gehrig con su madre desempeñó un gran papel en su vida. Su madre trabajaba duro para mantener a la familia, y Gehrig estaba motivado para triunfar no sólo por sí mismo, sino por el bienestar de su familia. Esto explica la importancia de apoyar a tus seres queridos y de hacer sacrificios por las personas que te importan.

Cuando a Lou Gehrig le diagnosticaron ELA, se enfrentó a una situación muy difícil. Incluso mientras atravesaba su enfermedad, se mantuvo positivo y agradecido. Así que aprende a mantenerte positivo y agradecido, por muy dura que se ponga la vida.

La historia de Lou Gehrig sigue inspirando a la gente hoy en día. Las Grandes Ligas de Béisbol le rinden homenaje con el Día de Lou Gehrig, que recauda dinero para la investigación de la ELA y celebra su legado. La vida de Gehrig muestra cómo el valor, el trabajo duro y la bondad pueden dejar un impacto duradero.

Su fuerza y determinación animan a la gente a afrontar sus propios retos con la misma fuerza y esperanza. Tienes el poder de concienciar sobre causas importantes y la capacidad de inspirar a las generaciones futuras, igual que Gehrig.

Capítulo 4: El jonrón de Kirk Gibson

¿Qué otros deportes te parecen interesantes aparte del béisbol? ¿Te encanta jugar al fútbol americano? Si es así, entonces tienes algo en común con el legendario Kirk Gibson. Gibson era muy bueno en ambos deportes. Primero lo eligieron para jugar al fútbol americano los Cardenales de San Luis (ahora Cardenales de Arizona, Arizona Cardinals), pero el béisbol era su verdadero amor, y acabó convirtiéndose en una estrella del béisbol.

Los Tigres de Detroit (Detroit Tigers), Míchigan, vieron el talento que tenía y lo reclutaron en cuanto pudieron, ya que mostró interés por unirse a su equipo.

Gibson era bastante bueno tanto en fútbol americano como en béisbol [10]

Éste fue el comienzo de su carrera profesional en el béisbol.

El ex jugador profesional de béisbol es famoso por dos momentos muy emocionantes de la historia del béisbol. Hizo grandes jonrones durante la Serie Mundial, uno en 1984 para los Tigres de Detroit y otro en 1988 para los Dodgers de Los Ángeles (Los Angeles Dodgers). Era conocido por lo bien que jugaba para volver a poner un partido a favor de su equipo.

Aunque Kirk tenía mucho talento, a menudo tenía que lidiar con las lesiones. Esto le dificultó cumplir plenamente las altísimas expectativas de su entrenador, Sparky Anderson. Se esperaba que Kirk fuera el próximo Mickey Mantle, otro jugador de béisbol profesional que fue nombrado en 20 Juegos de Estrellas y ganó un Guante de Oro por su juego en 1982. ¡Su entrenador tenía tanta fe en él!

El Sr. Sparky creía que Gibson podría llegar a ser mejor que Mickey Mantle. Por desgracia, las lesiones se interpusieron en su camino. Incluso con los problemas de salud a los que se enfrentaba, Kirk era conocido por su asombrosa velocidad y sus potentes imparables, capaces de enviar la pelota a kilómetros de distancia. Cuando jugaba al béisbol, era casi como si jugara al fútbol americano, porque era muy intenso y enérgico.

Kirk, a quien mucha gente llamaba "Gibby", tenía una relación complicada con los seguidores de los Tigres de Detroit. Como era de la zona, algunos aficionados le querían por su espíritu feroz y su determinación para ganar. A otros, sin embargo, no les caía muy bien porque pensaban que era demasiado arrogante y maleducado, sobre todo cuando rechazaba a la gente que le pedía autógrafos.

Todos le seguían respetando, y en 1999, le rindieron homenaje eligiéndole para formar parte de la lista de los mejores jardineros de todos los tiempos de los Tigres, junto a jugadores famosos como Ty Cobb y Al Kaline.

En 17 años, Kirk jugó al béisbol en cuatro equipos diferentes. Incluso ganó un campeonato de la Serie Mundial con los Tigres en 1984.

En 1988, unos años después de su paso por los Tigres, se unió a Los Dodgers de Los Ángeles. Fue con este nuevo equipo con el que conectó un increíble jonrón que todo el mundo recuerda aún hoy, y los Dodgers ganaron el campeonato ese año.

Cuando terminó su carrera profesional, no abandonó el béisbol. Se hizo entrenador y ayudó a formar a otros jóvenes jugadores de béisbol.

También dirigió a los Diamondbacks de Arizona (Arizona Diamondbacks) durante unos años y actualmente es comentarista de béisbol en televisión.

Primeros años de Kirk Gibson

Gibson nació el 28 de mayo de 1957 en Pontiac, Míchigan. El nombre completo de la leyenda del béisbol es Kirk Harold Gibson. Es hijo del Sr. Bob Gibson, antiguo auditor del estado de Míchigan que más tarde fue profesor de matemáticas en la escuela secundaria Kettering, y de la Sra. Barbara Gibson, profesora de teatro y oratoria en una secundaria cercana.

Kirk quería tanto a su madre que se consideraba *un niño de mamá*. Su madre era muy amable y tranquila, a diferencia de su padre, que le presionaba mucho para que le fuera bien en los deportes. Naturalmente, acudía a su madre siempre que estaba estresado. Su padre le construyó literalmente una base de bateador y un montículo en el patio trasero de su casa para jugar al béisbol y fijó un aro sobre el garaje para jugar al baloncesto. No había espacio para respirar.

El Sr. Gibson realmente quería ver a su hijo destacar en los deportes. En realidad, sus padres nunca le obligaron a hacer ningún trabajo duro de niño. Le dejaban divertirse con sus motos y hacer esquí acuático. Gibson también tuvo la suerte de tener hermanos y los quería y apreciaba mucho. A sus hermanas, Jocelyn y Christina, les encantaba pasar tiempo con él y le mimaban con muchos regalos.

La presión de su padre casi hizo que Gibson abandonara los deportes. Su padre le obligaba a practicar demasiado, y a Gibson eso no le gustaba. Cuando se hizo mayor, se dio cuenta de que la presión de su padre le hacía ser muy duro y disciplinado. Esto le hizo apreciar aún más a sus padres. Los llama sus modelos de conducta y sus héroes. El Sr. y la Sra. Gibson siempre se aseguraban de estar presentes en todos sus juegos, y apoyaban mucho su carrera.

Durante su época de secundaria en el instituto Waterford Kettering, Gibson fue muy activo en los deportes. Jugaba al fútbol americano, al béisbol y al baloncesto. Podría pensarse que sólo le gustaban los juegos con pelota, pero eso no es del todo cierto. También hacía atletismo. Gibson pasaba los veranos jugando en la Liga de Béisbol de la Legión Americana (en inglés, *American Legion Baseball League*).

Aunque era multideportista, el deporte favorito de Gibson era el fútbol americano, y se le daba tan bien que fue nombrado deportista destacado del condado de Auckland en su último año. Poco después, la Universidad Estatal de Míchigan le ofreció una beca de fútbol americano, que Gibson aceptó rápidamente. ¿Quién no aceptaría una oportunidad única en la vida como ésa? Desde luego, no sería Kirk Gibson.

Kirk se comprometió a causar un impacto inmediato como estudiante de primer año en la Universidad Estatal de Míchigan en 1975. Su filosofía de vida era ganar a toda costa. Tenía un feroz sentido de la competición y siempre se esforzaba más y rendía mejor que los demás. Llamó a sus padres para informarles de que sería titular como receptor abierto (en inglés: *flanker*) en su equipo de fútbol americano.

El primer partido contra la Universidad Estatal de Ohio fue duro; perdieron 21-0. Fue una derrota humillante, pero esto hizo que Kirk se mostrara aún más determinado. A la semana siguiente, marcó su primer *touchdown*, ayudando a su equipo a acabar con la racha de 25 victorias consecutivas del equipo de Miami de Ohio. Los Spartans (en español: *Espartanos de la Estatal de Míchigan*) terminaron la temporada con siete victorias y cuatro derrotas, y Kirk atrapó cuatro pases de *touchdown*, incluida una impresionante recepción de 82 yardas en su último partido contra Iowa.

Después de su temporada de fútbol americano universitario, un entrenador de béisbol le ofreció a Gibson la oportunidad de jugar con su equipo. El padre de Gibson siempre quiso que jugara al béisbol y pensó que eso le podría ayudar a que le eligieran mejor en el *draft* de fútbol americano. Para sorpresa de todos, Gibson se enamoró completamente del béisbol.

Golpeaba la pelota con todas sus fuerzas y robaba muchas bases. Se le daba muy bien jugar al béisbol, así que no fue ninguna sorpresa que los cazatalentos de béisbol empezaran a prestarle atención. Algunos equipos de béisbol querían reclutar a Gibson antes de tiempo, pero él dijo que sólo jugaría al béisbol profesional si lo reclutaba el equipo de su ciudad natal, los Tigres de Detroit.

Los Tigres ya estaban interesados en él, y lo reclutaron rápidamente, aunque tenían otras opciones. Era una situación en la que todos salían ganando. Para Gibson, elegir el béisbol fue una decisión inteligente porque los jugadores de béisbol cobraban más y podían jugar más tiempo, así que a la larga tenía sentido para él. Firmó un contrato con los Tigres y empezó su carrera profesional en el béisbol. El contrato estipulaba que, si quería, podía volver a la universidad y jugar al fútbol americano durante un tiempo.

Gibson, el *underdog*

Un *underdog* es alguien (o un equipo) que todo el mundo piensa que probablemente perderá en un partido [11]

Un *underdog* o desvalido es alguien (o un equipo) que todo el mundo piensa que probablemente perderá en un partido. La otra persona, la que se espera que gane, se llama "favorito" o "superior". Si el desvalido gana de algún modo, es una gran sorpresa. Esto ocurre mucho en los deportes. Puede que te resulte familiar si ves muchas películas o lees libros de ficción en los que el improbable héroe vence al gran villano.

Kirk Gibson fue el héroe improbable de su película sobre béisbol. Su carrera en el béisbol estuvo llena de altibajos, y se enfrentó a muchos retos, especialmente con las lesiones que se convirtieron en su marca distintiva. Se lesionó el tendón de la corva y tenía la rodilla hinchada. El tendón es un músculo situado en la parte posterior de la pierna.

Estas lesiones le dificultaron jugar con su equipo. Mucha gente llegó a la conclusión de que no podría triunfar ni durar mucho como jugador, pero Gibson creía lo contrario.

Se esforzó aún más para demostrar a todos que tenía madera para ganar juegos y dar batazos increíbles. Uno de los mejores momentos de su carrera fue durante la Serie Mundial de 1988. Aunque estaba lesionado, bateó un jonrón que cambió el juego. El jonrón anotó dos carreras y ganó el partido contra los Atléticos de Oakland (Oakland Athletics) para su equipo, los Dodgers de Los Ángeles. Fue un momento de la historia del que aún hablan los aficionados al béisbol, porque Gibson definió la determinación y la fuerza con sus acciones.

Su impresionante actuación en la Serie Mundial de 1988 demostró a la gente que no era sólo un jugador, sino un luchador que no se rendía, pasara lo que pasara. Les dijo a todos los que creían que se derrumbaría y fracasaría que estaban equivocados, sin necesidad de utilizar palabras. Su jonrón se convirtió en un símbolo de superación de las dificultades e inspiró a muchos deportistas y aficionados. Aprendieron de él que nada es imposible cuando alguien nunca se rinde.

A lo largo de su carrera, Gibson no dejó de sorprender a todos con lo bien que jugaba a pesar de sus lesiones. Ganó muchos premios y se convirtió en uno de los mejores jugadores de la historia del béisbol. En 1988, fue nombrado Jugador Más Valioso de la Liga Nacional, lo que significa que fue considerado el mejor jugador de la liga ese año. Más tarde, en 1999, fue honrado con su ingreso en el Salón de la Fama del Deporte de Míchigan.

El *swing* escuchado en todo el mundo

La historia del "*swing* escuchado en todo el mundo" de Kirk Gibson es un momento inolvidable en la historia del béisbol. Ocurrió durante el primer partido de la Serie Mundial de 1988 entre los Dodgers de Los Ángeles y los Atléticos de Oakland.

Los Dodgers perdían por una carrera, y era el final de la novena entrada. Estaban al final de la cuerda, y ésta era su última oportunidad de ganar el partido. Kirk -que era uno de los mejores jugadores del equipo de los Dodgers- estaba lesionado, así que nadie esperaba que jugara. Eso empeoró aún más las cosas para su equipo. Al ver esto, Gibson decidió intentarlo y salió a batear.

¡Qué hombre tan valiente!

Cuando Gibson se acercó cojeando al plato, el público estaba al borde de sus asientos. Estaban preocupados y esperanzados al mismo tiempo. Algunos ni siquiera se atrevían a mirar. Todos sabían que Gibson estaba lesionado y no estaban seguros de que pudiera marcar la diferencia. El lanzador de los Atléticos de Oakland, Dennis Eckersley, era uno de los mejores lanzadores del juego. Parecía una causa perdida.

Gibson respiró hondo y se concentró en la pelota. El primer lanzamiento fue un *strike*, y el público jadeó.

¡Oh, no! ¡Esto ya va cuesta abajo!

Gibson salió de la caja de bateo, ajustó su postura e intentó ignorar el dolor de sus piernas. Llegó el segundo lanzamiento, Gibson bateó y volvió a fallar. El público se puso aún más tenso y algunos se mordían las uñas. Eran dos *strikes*, y Gibson parecía que se iba a ponchar, pero no se rindió.

Entonces llegó el momento que todos recordarían para siempre. Eckersley se preparó y lanzó el siguiente lanzamiento. Era un *slider* por detrás. Gibson bateó con todas sus fuerzas. Se oyó un crujido cuando el bate golpeó la pelota. La pelota voló alto y lejos hacia el cielo, en dirección al jardín derecho. Todo el mundo observó con asombro cómo sobrevolaba la valla y se convertía en un jonrón. El estadio estalló en vítores y gritos.

Los aficionados no podían creer lo que acababan de ver. Gibson cojeó por las bases, levantando el puño, y sus compañeros corrieron a saludarle a la base. Los Dodgers acababan de ganar el partido, ¡y de forma espectacular!

La gente de las gradas saltaba, se abrazaba y algunos incluso lloraban de alegría. Fue un momento lleno de emoción y entusiasmo. El jonrón de Gibson se conoció como el "*swing* escuchado en todo el mundo" por lo increíble e inesperado que fue.

Con ese giro, la gente aprendió que aferrarse a la esperanza no era algo malo. Puedes hacer grandes cosas, aunque la situación intente hacerte sentir pequeño e incapaz.

Jugar a través del dolor

Mientras entrenaba, Kirk Gibson hizo gala de sus potentes lanzamientos y de su gran velocidad. Todos pensaban que lo llevarían a jugar en las grandes ligas, pero en lugar de ser convocado, Kirk fue asignado a un equipo de ligas menores. Decepcionado pero decidido, Kirk se dirigió allí para perfeccionar aún más sus habilidades.

Por desgracia, Kirk chocó con otro jugador durante un partido de entrenamiento y se lesionó. Tuvo que tomarse un mes de descanso para curarse, pero mientras estuvo de baja, observó cómo entrenaban sus compañeros y aprendió todo lo que pudo de su entrenador.

Cuando Kirk volvió por fin al campo, era aún más fuerte y rápido que antes. Llevó a su equipo de ligas menores a una racha ganadora, arrasando con los lanzamientos recibidos y haciendo recepciones imposibles. Al final de la temporada, su equipo era el campeón, y Kirk contribuyó enormemente a su victoria.

Por fin llegó el día, y Kirk recibió la llamada que había estado esperando: le habían ascendido a las Grandes Ligas. Estaba muy ilusionado por unirse al gran equipo de las ligas mayores, pero al principio las cosas no salieron según lo previsto. Le pidieron que se sentara en el banquillo durante días, mientras ansiaba entrar en el partido.

Tuvo su oportunidad de brillar cuando por fin convenció al entrenador para que le dejara batear contra un lanzador muy intimidante, pero falló el *strike* y tuvo que ver con tristeza cómo su equipo perdía. Estaba destrozado, pero no permitió que ese incidente le hiciera renunciar a sí mismo.

¿Qué hizo? Conectó un sencillo al campo. Esto le llenó de orgullo. Unos días después, conectó un altísimo jonrón que desapareció entre la multitud, algo que sólo podían hacer unas pocas leyendas del béisbol. Sin embargo, justo cuando las cosas iban mejor, otra lesión le golpeó. ¡Uf!

Esta vez se trataba de la muñeca, y al principio los médicos no sabían qué le pasaba. Resultó ser un complicado problema óseo que requería una intervención quirúrgica importante. Los médicos ni siquiera estaban seguros de si Kirk podría volver a jugar al béisbol. Así se cerró el telón de su carrera en el béisbol.

La historia de Kirk Gibson te dice que, por muy difíciles que se pongan las cosas, nunca debes dejar de creer en ti mismo. Al igual que Kirk, si sigues intentándolo y aferrándote a la esperanza, incluso cuando las cosas parecen imposibles, puedes cambiar la narrativa.

El poder de la fe

Kirk Gibson creía que aún podía hacer algo asombroso, así que tuvo el valor suficiente para intentarlo, incluso con sus lesiones. La lección que hay que aprender aquí es que pueden ocurrir grandes cosas cuando crees en ti mismo, independientemente de la situación por la que estés pasando.

La presión, el dolor y las expectativas podrían haberle detenido, pero su firme creencia en sí mismo le ayudó a triunfar. Su historia muestra al mundo que enfrentarse a los retos no consiste sólo en ser físicamente fuerte, sino en tener el valor de creer en uno mismo. Hace falta valor para creer en uno mismo, y puede que otros crean en ti, pero ¿crees que puedes conseguirlo?

El éxito no consiste sólo en ser fuerte o tener buena suerte, sino en tener un corazón fuerte y una mente decidida.[12]

El éxito no consiste sólo en ser fuerte o tener buena suerte, sino en tener un corazón fuerte y una mente decidida. Comprende que creer en ti mismo puede darte fuerzas para hacer lo imposible.

Cuando las cosas sean difíciles y el camino hacia la realización de tus sueños parezca desvanecerse a medida que avanzas, piensa en la historia de Kirk Gibson. Deja que tu creencia en ti mismo te guíe; esto te dará fuerza y te ayudará a alcanzar tus sueños. El poder de creer es real, y el jonrón de Kirk Gibson es un ejemplo perfecto de ello.

Frases célebres de Kirk Gibson

- *"Nunca renuncies a tus sueños, porque los sueños pueden hacerse realidad con trabajo duro y determinación".*
- *"No puedes controlar el resultado, pero puedes controlar tu actitud y tu esfuerzo".*
- *"El éxito no consiste en ganar siempre, sino en aprender de tus fracasos".*
- *"Cuando no te quede nada que dar, dalo todo".*

Capítulo 5: La historia de Babe Ruth

La lista de jugadores de béisbol inspiradores de todos los tiempos sólo estaría completa con el legendario Babe Ruth en ella [18]

La lista de jugadores de béisbol inspiradores de todos los tiempos sólo estaría completa con el legendario Babe Ruth en ella. Si aún no estás familiarizado con el nombre, probablemente pensabas que pertenecía a una mujer. Pues no es así. Babe Ruth es el alias de un jugador de béisbol estadounidense, George Herman Ruth Jr., uno de los mejores jugadores de la historia del béisbol.

Babe Ruth jugó para muchos equipos durante su carrera profesional, incluidos los Medias Rojas de Boston, los Yankees de Nueva York y los Bravos de Boston (Boston Braves). Sus años de jugador profesional duraron más de veinte años, durante los cuales estableció algunos récords asombrosos que se mantuvieron durante décadas.

Fue el poseedor del récord de más jonrones en una temporada, 60 en 1927, que permaneció intacto hasta 1961, y del récord de 714 jonrones, que se mantuvo hasta 1974.

Ruth fue uno de los lanzadores zurdos más dominantes del béisbol del siglo XIX. Aprendió a jugar al béisbol de niño en Baltimore, Maryland. Su carrera en el béisbol comenzó como lanzador.

El ascenso de Ruth

¿Es hora de otra gran historia? ¿Listo para conocer la historia de un joven amante del béisbol convertido en leyenda?

¿Sí? De acuerdo.

Ahora, imagina a un travieso niño de siete años correteando por su ciudad natal de Maryland. Este pequeño alborotador, se llamaba George, y era una fuente constante de preocupación para sus padres.

Entre beber a hurtadillas bebidas prohibidas, mascar tabaco (como ese chico malo del barrio del que todos los padres advierten a sus hijos) y explorar los rudos astilleros, George era un experto en mantener a sus padres en vilo.

Incluso tomaba el pelo a la policía, burlándose de ellos cada vez que le perseguían. Su increíble velocidad les dificultaba atraparle.

En otras palabras, ¡era un alborotador!

George Herman Ruth Jr. nació el 6 de febrero de 1895 en Baltimore, un barrio popular por las peleas callejeras de la época. Sus padres, George Ruth Senior y Katherine Ruth, eran inmigrantes germano-americanos.

Eran propietarios de un bar de la zona, y ambos tenían que trabajar muchas horas para cuidar de su familia. Sus padres tuvieron ocho hijos, pero seis de ellos murieron cuando aún eran muy pequeños, dejando sólo dos supervivientes, su primer hijo, George Jr. y su hermana.

Al joven George se le dejaba solo la mayoría de las veces, así que, cuando se aburría, en varias ocasiones corría por el mercado local. En el mercado de Lexington, se deleitaba derribando cestas de fruta y verdura de comerciantes desprevenidos y luego se escapaba riéndose de sus caras de enfado.

George siempre se metía en líos. Se estaba volviendo insoportable para sus padres, y tuvieron que tomar una dura decisión. Querían ayudarle a utilizar su energía para cosas más productivas y guiarle en una dirección positiva. Así que lo matricularon en una escuela muy estricta, la Escuela Industrial para niños de Saint Mary, un orfanato católico dirigido por monjes católicos.

Aquella escuela era un mundo completamente nuevo para el pequeño George. Guiado por un sabio monje llamado hermano Matías, descubrió que había algo más en la vida que sus travesuras infantiles.

George aprendió rápidamente habilidades vocacionales como la confección de camisas y la carpintería en la escuela. También se unió a un equipo de béisbol. El hermano Matías, junto con otros monjes, vio cómo se iluminaba cada vez que jugaba al béisbol, y le ayudaron a desarrollar sus habilidades de bateo, fildeo y lanzamiento.

Aunque el béisbol ocupó un lugar central en la vida de George, no cejó en otros aspectos de su educación. Estuvo muy atento en su clase de sastrería y se graduó como "camisero cualificado". Sin embargo, la aguja y el hilo nunca le hicieron sentirse realizado. El béisbol se convirtió en su verdadera pasión.

La carrera profesional de Ruth en el béisbol

A los 19 años, George se había convertido en un jugador de talento, que destacaba tanto en el lanzamiento como en el bateo. El hermano Matías se dio cuenta de lo rápido que mejoraban sus habilidades e invitó a Jack Dunn, antiguo propietario de los Orioles de Baltimore, de las ligas menores, a ver jugar a George en un partido de béisbol.

Jack Dunn era conocido por detectar talentos en bruto. Vio algo especial en George y empezó a prepararlo para las grandes mayores.

Sin embargo, un problema legal se interponía entre George y su sueño de jugar al béisbol profesional. Los niños necesitaban un tutor legal para firmar sus contratos. Así que Jack dio un paso adelante y asumió el papel de tutor de George.

Esto significaba que George era ahora legalmente hijo de Jack, y Jack podía ayudarle a firmar el contrato. Este acuerdo dio origen a un apodo juguetón entre sus compañeros de equipo. Se reían y le llamaban "el nuevo bebé de Dunn", que acabó convirtiéndose en su legendario apodo: Babe Ruth.

El resto, como suele decirse, es historia. Pasó poco tiempo en las ligas menores. Fue sólo un trampolín para él. Los Orioles de Baltimore (Baltimore Orioles) lo ficharon como lanzador de ligas menores hasta los 19 años.

No mucho después, se encontró en la lista de las ligas mayores, jugando para los Medias Rojas de Boston. Aquí, su talento se hizo aún más evidente, y recibió otros apodos como el "Bambino" y el "Sultán del Swat" (Sultán del bateo).

Sus habilidades de bateo mejoraron con el tiempo, y se le permitió ascender en el orden de bateo, lo que le dio más oportunidades de demostrar su talento y capacidad para los jonrones.

Desde que se incorporó al equipo, su rendimiento fue excelente, y su nombre no tardó en hacerse frecuente en la alineación de los Medias Rojas de Boston.

Ayudó a su equipo, los Medias Rojas, a ganar el título de 1918 con el mayor número de carreras, que fueron 11. Cuando fue vendido a los Yankees de Nueva York, maduró hasta convertirse en el mejor bateador de la historia del béisbol.

Se convirtió en una estrella del béisbol en los Yankees, con récords insuperables de jonrones y promedios de bateo. En su primera temporada con los Yankees, registró unos 54 jonrones, mientras que el jugador que le seguía sólo tenía 19. Su estilo de juego animaba a los demás jugadores a hacer más y a no conformarse con pequeñas puntuaciones en la pizarra. George hacía lo que la mayoría de los jugadores consideraban imposible.

La influencia de Babe Ruth se veía en lo grandes que se hacían las multitudes en el estadio de los Yankees. La gente le quería tanto que siempre acudía al estadio para ver cualquier juego suyo. Sus partidos atraían a una gran cantidad de espectadores, y a menudo el estadio estaba a rebosar.

Sin otra opción, los Yankees tuvieron que construir otro estadio para que todo el mundo pudiera ver cómodamente los partidos en él. El estadio pasó a conocerse como "La casa que Ruth construyó".

Él solo convirtió a su equipo en el más temido y exitoso de todos los tiempos. Los Yankees de Nueva York ganaron siete banderines y los cuatro campeonatos de la Serie Mundial con la ayuda de Babe Ruth.

Babe Ruth, el antiguo niño travieso, se convirtió en un campeón, llevando a su equipo a varias victorias en sólo cinco años. La historia de

Ruth demuestra que incluso un niño problemático puede encontrar la redención y alcanzar la grandeza en cualquier campo.

La historia de esta superestrella del béisbol alcanzó su punto álgido cuando se retiró en 1935. Lamentablemente, en 1946 le diagnosticaron un cáncer de garganta, y los médicos hicieron todo lo que pudieron, pero no mejoraba. Tras dos años de tratamiento, murió a los 53 años.

El impacto de Babe más allá del béisbol

Babe Ruth es hoy conocido como una de las figuras más influyentes de la historia del béisbol. No se puede negar su influencia en el béisbol y en su popularidad en América. Ruth atrajo a muchos aficionados a las gradas cuando el béisbol no era muy popular. Cambió el juego del béisbol y dio a mucha gente la esperanza de hacer lo mismo.

Al nuevo bebé de Dunn, como le llamaban cariñosamente, se le atribuye a menudo el mérito de haber cambiado el estatus del béisbol, convirtiéndolo de un juego de baja puntuación y orientado a la estrategia en un espectáculo de alta puntuación centrado en el jonrón.

Antes de él, los partidos de béisbol eran lentos, todo era pensar y hacer pequeñas carreras. Los jugadores sólo bateaban un poco la pelota, lo que significa que la golpeaban con una fuerza media para que permaneciera dentro del campo. A veces podían robar bases, pero eso era todo. El juego no era tan emocionante.

Luego llegó Babe Ruth, que golpeaba la pelota muy, muy lejos, e incluso muchas veces por encima de la valla [14]

Luego llegó Babe Ruth, que golpeaba la pelota muy, muy lejos, e incluso muchas veces por encima de la valla. La gente acudía a ver a Babe Ruth golpear la pelota con tanta energía y potencia. Era increíble verlo. Ahora, el béisbol es mucho más divertido, con más carreras. Babe Ruth consiguió cambiar la percepción que la gente tenía del juego y hacerlo divertido y emocionante para todos.

Babe Ruth estableció varios récords como jugador de béisbol, como sus famosos 60 jonrones en una sola temporada en 1927. A lo largo de su carrera, consiguió un total de 714 jonrones, algo que nadie había hecho antes que él, y nadie fue capaz de batir el récord durante más de 30 años. ¿No es increíble?

Fue uno de los primeros atletas en convertirse realmente en una celebridad en Estados Unidos. Su personalidad más grande que la vida y su estilo de juego más interesante le convirtieron rápidamente en un nombre muy conocido.

Apareció en películas como "Headin' Home" (1920), "The Babe Comes Home" (1927), "Speedy" (1928), "Slide, Kelly, Slide" (1927) y "The Pride of the Yankees" (1942). Patrocinaba productos y era una presencia constante en los medios de comunicación. Era muy popular.

Como jugador de béisbol, era querido por gente de distintas clases sociales. No importaba cuánto dinero tuvieras o de dónde vinieras, animarías a Babe. Empezó la vida sin mucho, pero con trabajo duro, se convirtió en una superestrella.

Mucha gente le miraba y pensaba: "¡Si Babe Ruth puede hacerlo, quizá yo también pueda!". Este sentimiento de que podías alcanzar tus sueños se convirtió en lo que es el *sueño americano*.

Gracias a la historia de Babe Ruth, cada vez más gente empezó a amar el béisbol. Ya no era sólo un deporte. Se convirtió en el juego favorito de los Estados Unidos, algo que todos podían disfrutar juntos.

Momentos legendarios de Ruth

En 1916, durante la Serie Mundial, Babe Ruth tenía 21 años y era lanzador de los Medias Rojas de Boston. En el segundo partido, lanzó durante 14 entradas, permitiendo sólo una carrera en la primera entrada. El otro equipo, los Robins de Brooklyn (Brooklyn Robins), no pudieron marcar después de eso.

Ruth incluso ayudó a su equipo bateando la carrera del empate. En la parte baja de la 14ª entrada, un compañero de equipo bateó un sencillo, ganando el partido para los Medias Rojas por 2-1. Este partido estableció el récord del partido de la Serie Mundial más largo de la historia.

Otro momento memorable fue en 1926. Fue cuando Babe Ruth se convirtió en el primer jugador en conseguir tres jonrones en un solo partido de la Serie Mundial, casi diez años después de su partido de 14 entradas.

Durante este partido, Ruth se encontró con un niño enfermo llamado Johnny Sylvester. Le prometió que le haría un jonrón para animarle. Para alegrar aún más al niño, Ruth no sólo hizo un jonrón, ¡hizo tres! Sigue siendo uno de los pocos jugadores que ha conseguido tres jonrones en un partido de la Serie Mundial, y lo hizo dos veces.

Tuvo otro momento famoso durante la Serie Mundial de 1932, cuando realizó lo que se conoce como un *tiro anunciado*. Cuenta la leyenda que, mientras se disputaba un partido, Ruth señalaba un punto determinado y, cuando llegaba la pelota, bateaba un jonrón hacia el lugar que había señalado inicialmente. En una ocasión, señaló las gradas del centro del campo antes de lanzar un jonrón a ese punto exacto con una precisión de casi el 100%.

Además de ser un poderoso bateador, Babe Ruth también sabía lanzar una bola mala. Antes de que decidiera dedicarse siempre a machacar jonrones en el campo, era un lanzador superestrella de los Medias Rojas de Boston.

Como lanzador zurdo, sus lanzamientos eran difíciles de manejar para los bateadores, y esto ayudó a su equipo a ganar campeonatos. Su increíble habilidad tanto para batear a gran distancia como para cerrar el paso a los bateadores del otro equipo le convierte en una auténtica leyenda del béisbol, alguien que podía hacerlo todo en el campo.

La labor caritativa de Ruth y su influencia positiva

Babe Ruth visitaba regularmente los hospitales, sobre todo los infantiles. Pasaba tiempo con los niños, firmaba autógrafos y les ayudaba económicamente en la medida de sus posibilidades. Cada vez que lo visitaba, todo el hospital se iluminaba. Llevaba una gran alegría a los niños y era una fuente de inspiración para muchos de ellos.

Su amor por los niños no se limitaba a visitar hospitales, ni mucho menos. Ruth fue también un defensor de las actividades deportivas en las que podían participar niños y jóvenes. Su propia vida, desde que era un niño hasta que llegó a ser un gran jugador de béisbol, fue un ejemplo de lo impactante que puede ser el deporte en la vida de los jóvenes. Ésta fue su motivación para apoyar a diversas organizaciones, como los Boys and Girls Clubs of America, con el fin de ofrecer oportunidades a los niños menos privilegiados.

Ruth era una de esas celebridades que utilizaban su fama y su dinero para hacer mucho bien a la sociedad. Durante la Segunda Guerra Mundial, aparecía en actos benéficos, eventos de recaudación de fondos para proyectos y reuniones comunitarias para recaudar dinero para los esfuerzos de guerra. Babe Ruth utilizó su fama para atraer la atención de la gente hacia asuntos más importantes y recaudar dinero para organizaciones benéficas.

Siempre que se le veía con sus jóvenes admiradores y con personas adultas que esperaban llegar a ser buenos deportistas como él, les daba consejos sobre cómo mantenerse decididos y centrados en sus objetivos. Consiguió inspirar a innumerables niños y jóvenes para que persiguieran sus sueños, tanto en el deporte como en la vida en general.

Apuntando alto

La historia de Babe Ruth va mucho más allá del béisbol. Claro, todo el mundo le conoce por batear esas locas pelotas largas que cambiaron el juego para siempre. Sin embargo, si prestas atención a la vida de Ruth, bajo esos poderosos *swings* y esos increíbles bateos, encontrarás lecciones de las que puedes aprender, aunque no sepas nada de béisbol.

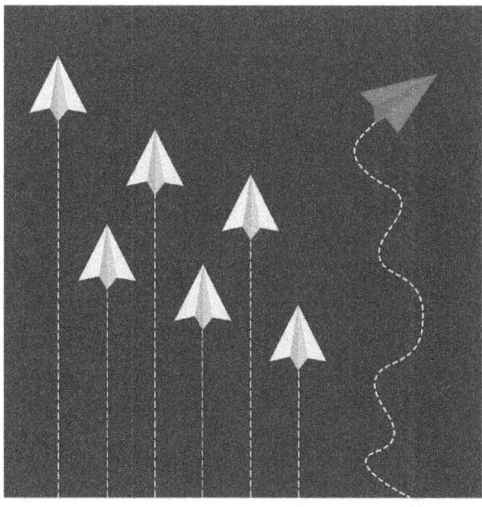

Babe Ruth nos enseñó que una persona puede marcar una gran diferencia [15]

Su historia trata de mantener la vista en el objetivo, de ser uno mismo pase lo que pase y de cómo una persona puede marcar una gran diferencia. Babe Ruth no tuvo el comienzo más fácil en la vida. Su infancia fue muy dura, e incluso le enviaron a un colegio de huérfanos para que se recuperara.

Sin embargo, nada de eso le impidió perseguir su sueño de convertirse en una estrella del béisbol. No se enfadó con sus padres por haberle abandonado. Tampoco continuó con su problemático estilo de vida.

Más bien, se dedicó al 100% a reinventarse a sí mismo. En el campo de béisbol, practicaba con mucho celo y nunca dejaba que nada se interpusiera en su camino. Eso es algo de lo que sin duda puedes aprender. Si tienes un sueño en el corazón, ¡agárrate a él con fuerza y dalo todo!

¿Recuerdas lo poco que le gustaba a Babe Ruth seguir las reglas, verdad? En su época, todo el mundo jugaba al béisbol de la misma manera, pero Babe, bueno, Babe era diferente. Jugaba a su manera. Mientras otros jugadores golpeaban la pelota con un toque, Ruth la golpeaba tan lejos como podía, como fuera del parque. Incluso lo hacía con mucha personalidad.

Babe Ruth era ruidoso, divertido y a veces se metía en algún lío. Eso es lo que le convirtió en Babe Ruth. Mostró a todo el mundo que no pasa nada por ser diferente. De hecho, ser tú mismo puede convertirte en un campeón.

A sus fans les encantaba verle porque les entretenía mientras hacía lo que más le gustaba. Fuera del campo, también era muy divertido estar con él y era muy amable con la gente. Los pequeños actos de bondad pueden marcar la diferencia. Tú también puedes ser una buena influencia para alguien, aunque sólo sea siendo un buen amigo o haciendo reír a alguien.

Babe Ruth nunca dejó de intentar ser mejor. El béisbol era su pasión, y se entregaba en cuerpo y alma al juego. Practicaba cada día y siempre buscaba formas de mejorar. Eso es lo que se necesita para ser verdaderamente grande en cualquier cosa. Encuentra algo que te guste hacer, dalo todo y nunca dejes de aprender y mejorar.

Hay muchas formas de ser grande, y Babe Ruth es prueba de ello. No era el corredor más rápido ni el jugador más fuerte, pero tenía un talento especial, una personalidad única y el poder de inspirar a los demás. ¿Qué es lo que te apasiona? Puedes utilizarla para convertirte en una fuente de inspiración. Así pues, sueña a lo grande y acepta quién eres, y tú también podrás influir positivamente en el mundo que te rodea.

Capítulo 6: Las mujeres que jugaron al béisbol profesional

Imagínate por un momento como lanzador. El público te anima con fuerza, algunos incluso gritan tu nombre, el sudor te gotea por la frente porque el partido depende de tu lanzamiento. O tal vez seas un bateador extraordinario (uno de los mejores bateadores jamás vistos), la pelota vuela velozmente hacia ti, y entonces bateas un jonrón, ganando el partido. Todos estos momentos emocionantes hacen que el juego del béisbol sea divertido y amado por muchos.

El béisbol conlleva una mezcla de emociones, pasión y excitación, un juego del que a la mayoría de la gente le encantaría formar parte. Puede resultar difícil de creer, pero hubo un tiempo en que no se permitía a las chicas acercarse al campo de béisbol, y mucho menos jugar al béisbol. Esto se debía a que la gente del pasado creía que el béisbol no era un deporte para niñas y que, en cambio, debían pasar el tiempo jugando a vestir muñecas.

Cuando llegó la oportunidad, un grupo de mujeres increíbles aceptó la invitación e hizo historia. Érase una vez, durante una desagradable guerra, mujeres y chicas que se animaron a jugar al béisbol de verdad en una liga llamada All-American Girls Professional Baseball League (en español: *Liga de Béisbol Profesional Femenina Estadounidense)*, o AAGPBL para abreviar.

Mujeres y niñas se animaron a jugar al béisbol de verdad en una liga llamada All-American Girls Professional Baseball League, o AAGPBL para abreviar [16]

Esto ocurrió en los años 40, cuando estaba en curso la Segunda Guerra Mundial, y muchos hombres tuvieron que abandonar el campo de béisbol y ocupar su lugar en el campo de batalla. Los estadios se iban vaciando. La gente se perdía su partido favorito y se quedaba sin nada que les distrajera de la guerra en curso. Entonces, se sugirió una idea asombrosa. ¿Por qué no dejar que las chicas jugaran al béisbol?

A diferencia de los hombres, que llevaban pantalones al partido, las mujeres llevaban faldas y jugaban con todo lo que tenían. No jugaban por diversión. Se lo tomaban en serio y eran muy competitivas. Estas mujeres eran fuertes, rápidas y talentosas.

La AAGPBL duró más de una década. Las mujeres dejaron tras de sí un legado de valor, habilidad y determinación. Abrieron las puertas a futuras generaciones de chicas que soñaban con practicar deportes profesionales.

La formación de la AAGPBL

En 1942, Estados Unidos entró en la Segunda Guerra Mundial, y la mayoría de los jugadores de béisbol mayores de 18 años fueron enviados a luchar por su país. Esta decisión hizo que disminuyera el número de jugadores de béisbol en la mayoría de los equipos.

A los ejecutivos del béisbol les empezó a preocupar que el juego que más amaba Estados Unidos cayera en el olvido. Fue entonces cuando Philip Knight Wrigley, propietario de una empresa de chicles y que había heredado de su padre el equipo de béisbol de los Cachorros de Chicago (Chicago Cubs), formó un comité para investigar la idea de crear una liga de béisbol profesional para mujeres.

Philip Wrigley presentó la idea de que las mujeres jugaran en la liga de béisbol a su consejo directivo [17]

Philip Wrigley presentó la idea de que las mujeres jugaran en la liga de béisbol a su consejo directivo. Algunos de los miembros tenían dudas, pero con su ayuda se formó la All-American Girls Professional Baseball League el 19 de febrero de 1943.

Más de 200 mujeres fueron invitadas a probar en el Wrigley Field de Chicago, y unas 60 fueron seleccionadas. Las jugadoras fueron trasladadas al Hotel Belmont para el entrenamiento de primavera en el Wrigley Field de Chicago, que comenzaría el 17 de mayo de 1943.

Fueron seleccionados por los oficiales de la liga y evaluados en diferentes aspectos del juego, como su posición en el campo, lo bien que lanzaban y atrapaban pelotas, sus habilidades para correr y la fuerza de sus bateos.

Cuando terminó el entrenamiento, a las que se quedaron se les presentó un contrato de la liga profesional para que lo firmaran. El contrato estipulaba que las jugadoras no trabajarían en ningún otro sitio durante la temporada de béisbol. Tendrían que comprometerse de todo corazón con la liga. Las jóvenes deportistas ganarían más que las mayores, y sus salarios oscilaban entre los 45 y los 85 dólares semanales, lo cual era un buen dinero en aquella época.

Sin embargo, ser seleccionada y formar parte del equipo no consistía sólo en ser atlética. Se esperaba que las chicas desarrollaran un alto nivel moral y siguieran estrictas normas de conducta. La liga quería que fueran modelos para otras jóvenes, tanto dentro como fuera del campo.

Esto significaba aprender la etiqueta adecuada para cada situación, tener una buena higiene personal, tener modales aceptables y códigos de vestimenta apropiados. Las jugadoras recibían incluso un kit de belleza e instrucciones sobre cómo utilizarlo para ser físicamente más atractivas en la medida de lo posible. La liga estaba comprometida con la excelencia, tanto en el juego como en el comportamiento de sus jugadoras.

Esta liga estaba compuesta por cuatro equipos que jugaban en distintas ciudades no muy lejos de Chicago. Los equipos formados fueron el Racine Belles, el Kenosha Comets, el Rockford Peaches y el South Bend Blue Sox.

Los partidos oficiales de la liga empezaron por fin el 30 de mayo de 1943. Era un día luminoso y soleado, un día perfecto para el béisbol. Los equipos estaban listos para jugar, con South Bend dirigiéndose a Rockford para su partido y Kenosha viajando a Racine.

Iba a haber muchos partidos, 108 para ser exactos, desde mediados de mayo hasta principios de septiembre. Las jugadoras sabían la importancia de cada partido, porque el equipo que ganara más partidos durante ese tiempo sería el ganador del banderín. Ganar el banderín era algo de lo que sentirse orgulloso, pero no era el final. Los mejores equipos aún tenían que enfrentarse en una serie de partidos de desempate para averiguar quién sería el campeón de liga.

La temporada de 1943 llegó a su fin, y las Kenosha Comets jugaron una serie de cinco partidos contra las Racine Belles por el campeonato. Los dos equipos jugaron bien, y el público estuvo más que entretenido. Al final, las Racine Belles ganaron el campeonato, convirtiéndose en las primeras campeonas del mundo de la liga.

Las primeras jugadoras de la AAGPBL fichadas en 1943

Las primeras jugadoras que firmaron fueron Clara Schillace, Ann Harnett, Edie Perlick y Shirley Jameson. He aquí una breve historia de cada jugadora.

Ann Harnett

Ann Harnett, o "Tootie", como a sus amigos les gustaba llamarla, era una pequeña niña de Chicago que desarrolló una pasión por el béisbol a una edad muy tierna. Mientras crecía, se unía a sus hermanos y a los niños de su barrio para jugar al béisbol. Sus padres, sus seres queridos y sus vecinos siempre estaban allí para animarla.

Ann empezó su carrera deportiva profesional a los 16 años, cuando se unió al equipo de baloncesto All-Star de la escuela. Su dedicación, habilidad y trabajo duro no pasaron desapercibidos, y pronto fue coronada capitana de su equipo. También practicó otros deportes, como bádminton, voleibol y béisbol.

Las noticias de su destreza deportiva recorrieron la ciudad y pronto llamó la atención de los cazatalentos enviados por Philip Wrigley. Fue la primera chica fichada por la liga profesional femenina y, a su vez, ayudó a fichar a otras chicas que fueron seleccionadas para la liga.

También ayudó a diseñar el uniforme de la liga. Ann tenía tanto talento que cuando empezó su carrera en el béisbol en la liga profesional femenina, en 1943, desempeñó distintos papeles, como tercera base, receptora y jardinera, en su equipo favorito, los Kenosha Comets.

Clara Schillace

Clara Schillace era una joven nacida de padres sicilianos inmigrantes que vivían en un pequeño pueblo situado en Melrose Park, en la ciudad de Chicago. Su pasión y su talento para el béisbol comenzaron a una edad temprana, cuando empezó a jugar partidos con sus hermanos.

Siguió jugando incluso en el instituto, cuando se unió al equipo estrella de béisbol y se convirtió en una de las mejores jugadoras. No se detuvo ahí. De hecho, siguió jugando incluso cuando entró en la universidad. En la universidad, jugó en una liga femenina de béisbol. No sabía que su dedicación le allanaría el camino en un futuro próximo.

Eddie Perlick

Eddie fue una de las jugadoras estrella del béisbol profesional femenino estadounidense. Era conocida por sus lanzamientos rápidos y sus imparables con la derecha. Nació en diciembre de 1922 en Chicago, en el seno de una familia amante de los deportes.

Al igual que su hermano y su hermana, Eddie creció amando los deportes. A una tierna edad, empezó a participar en distintos deportes, como tenis, natación, golf y sóftbol. Sin embargo, se centró sobre todo en el sóftbol porque se le daba muy bien.

A los 12 años jugaba en el equipo Collins Coal, donde ganaba 50 céntimos en un partido. Esto fue para ella como un punto de partida en el camino hacia la victoria. Con sus antecedentes deportivos y su dedicación, fue seleccionada para jugar en la Chicago Fast Pitch League (en español: *Liga de Lanzamiento Rápido de Chicago*). Ganaron el campeonato de Chicago y se trasladaron a Detroit para los nacionales.

Un cazatalentos enviado por Philip K. Wrigley vio sus excepcionales habilidades y la invitó a probar en el Wrigley Field. Superó las pruebas y le ofrecieron una plaza en las Racine Belles de la All-American Girls Baseball League. Jugó en las Racine Belles durante ocho años.

Shirley Jameson

Shirley Jameson nació en 1918 en la pequeña ciudad de Maywood, Illinois. Creció apasionada por los deportes y trabajó duro para llegar a lo más alto. A diferencia de las niñas que pasaban la mayor parte de su infancia jugando con muñecas, Shirley pasó la suya en secreto, practicando para convertirse en bateadora, sin importarle lo que dijeran los demás sobre cómo decidía pasar su tiempo libre.

La oportunidad llamó a su puerta cuando fue a ver un partido de béisbol local en su barrio. Al llegar allí, se dio cuenta de que les faltaba un jugador, y no había nadie disponible para suplirlo salvo ella. En su desesperación, la seleccionaron para jugar con ellos. Enorgulleció al equipo cuando atrapó una bola rápida lanzada por uno de los jugadores.

Chicos de distintos equipos venían a rogarle que formara parte de su equipo. Su fama la llevó al centro de atención, y pronto se encontró dirigiendo un equipo ella sola. Llamó al equipo "Peanuts" (que podría traducirse como: "Poca cosa") para burlarse de quienes las despreciaban por ser chicas.

La noticia del equipo de Shirley llegó muy lejos, y los cazatalentos de la All-American Girls Professional Baseball League se fijaron en Shirley. Shirley fue fichada por la liga tras las pruebas en el campo de Wrigley, y se convirtió en jardinera de las Kenosha Comets.

Shirley no aceptó jugar en la All-American Girls Professional Baseball League sólo para formar parte de un equipo popular y jugar con ellas. Más bien, se unió al equipo para poder mostrar sus habilidades al mundo y demostrarles que las mujeres pueden hacerlo muy bien en el béisbol.

A lo largo de los años, las vidas de estas mujeres y de muchas otras que fueron reclutadas para la liga se convirtieron en una fuente de motivación para las jóvenes que tenían miedo de mostrar su talento en el deporte.

Hoy en día, las mujeres miran hacia atrás a las jugadoras de la AAGPBL y a sus historias individuales y están más abiertas a unirse a un equipo y a practicar sus deportes favoritos porque pensaron: "¿Por qué no?"

La vida después de la liga

La liga femenina de béisbol aportó un cambio positivo a la sociedad en una época en la que la nación estaba bajo tensión. Los amantes del béisbol estaban realmente contentos y sorprendidos por el talento de estas mujeres. Jugaban tan bien que los aficionados no podían evitar vitorearlas con alegría.

La decisión de las mujeres de unirse a la liga fue aplaudible. En 1943, mucha gente estaba ocupada con la guerra y no tenía mucho dinero para entretenerse. Esto también significaba que a las mujeres tampoco se les pagaba mucho dinero.

Wrigley, el genio que estaba detrás de la liga femenina, vio lo sombría que se estaba volviendo la gente y pensó en posibles formas de levantarles el ánimo. Mucha gente acudía a verlas jugar, y se convirtió en una forma maravillosa de que la gente se entretuviera y se sintiera más feliz.

Philip Wrigley era un hombre muy inteligente. Aprovechó la guerra para promocionar la liga. Las jugadoras visitaban a los soldados heridos para animarlos y jugaban partidos especiales para recaudar dinero para la Cruz Roja. Hacían todo lo que podían para apoyar al país.

Antes de cada partido, las mujeres se alineaban y formaban una "V" de victoria mientras sonaba el himno nacional, mostrando su apoyo a la nación y a las tropas. Esta liga hizo un gran trabajo levantando el ánimo de la nación. Las jugadoras se convirtieron en heroínas tanto por sus habilidades en el campo como por su papel a la hora de llevar alegría y esperanza al pueblo.

Se enfrentaron a varios retos, teniendo que demostrar siempre su valía como jugadoras de béisbol. La gente dudaba de ellas debido a su género, pero ellas siguieron centradas y comprometidas con su deporte.

La formación de la All-American Girls' Professional Baseball League demostró a todo el mundo que las chicas podían jugar al béisbol tan bien como los chicos [18]

La formación de la All-American Girls' Professional Baseball League demostró a todo el mundo que las chicas podían jugar al béisbol tan bien como los chicos. No eran meras suplentes, sino jugadoras en el campo compitiendo en su propia liga mientras el público animaba ruidosamente desde las gradas.

También cambió la forma en que la sociedad piensa sobre las chicas y los deportes, facilitando que las chicas jugaran al béisbol y a otros deportes. La AAGPBL demostró que cualquiera podía ser grande en el deporte. El género no es ni debe ser una limitación.

Estas mujeres inspiraron la promulgación de una ley en Estados Unidos conocida como Título IX, que garantizaba que las chicas tuvieran las mismas oportunidades que los chicos de practicar deportes en las escuelas. Gracias a la AAGPBL, ahora hay muchas más ligas de deportes femeninos, y ahora se toma en serio a las chicas en este campo.

Se abrieron más oportunidades de trabajo para las mujeres en el deporte. Ahora las mujeres podían trabajar como entrenadoras y mánager e incluso vender camisetas del equipo. Aunque la AAGPBL se disolvió, las mujeres que formaron parte de la liga marcaron un hito en la historia del béisbol.

Un paso al frente

Hay algunas lecciones importantes que aprender de estas mujeres que jugaron al béisbol. Una de ellas es *creer* de verdad *en ti mismo y en tus capacidades*. Las mujeres de esta liga tuvieron que enfrentarse a muchos retos, pero siguieron adelante. Se entrenaron incansablemente y acabaron demostrando a todo el mundo que podían jugar al béisbol igual de bien, si no mejor, que los hombres.

Otra lección que aprender de las mujeres de la AAGPBL es que *la valentía es una de las claves de la grandeza*. Aunque algunas de ellas eran aún muy jóvenes, no tuvieron miedo de abandonar sus hogares y familias para jugar al béisbol en distintas ciudades.

No fue fácil, pero se arriesgaron porque amaban el deporte. No todo el mundo puede hacerlo, porque arriesgarse puede dar miedo. La buena noticia es que también puede conducir a experiencias emocionantes y maravillosas. Al final, ¡te alegrarás mucho de haber elegido arriesgarte!

El béisbol es un deporte de equipo, y estas mujeres tuvieron que trabajar juntas para ganar partidos. Se apoyaron unas a otras, se animaron mutuamente y se ayudaron a crecer como equipo. Como ves, en la vida, trabajar bien con los demás puede ayudarte a conseguir más de lo que podrías solo. Así que aprende a trabajar en equipo con la gente, ya sea en la escuela o en casa.

De las jugadoras de la AAGPBL también puedes aprender a superar las dificultades. Tuvieron momentos difíciles en sus carreras, cuando tuvieron que recorrer largas distancias, jugar en condiciones duras y tratar con gente que no creía en ellas.

Sin embargo, siguieron adelante y nunca se rindieron. Así que, siempre que te encuentres en una situación difícil, recuerda seguir intentándolo y no rendirte. Los retos pueden hacerte más fuerte. Pueden hacerte más decidido a hacer realidad tus sueños. Puedes ser el héroe que lo supera todo.

Capítulo 7: La historia de Roberto Clemente

Las personas nacen en diferentes etnias y ascendencias que se convierten en sus identidades. En Estados Unidos, una de esas etnias incluye a los hispanoamericanos y a los latinos. Los hispanos son aquellos cuyos antepasados proceden de países de habla hispana, mientras que los latinos son personas con ascendencia de Latinoamérica, que incluye México, Sudamérica y Centroamérica.

Los latinoamericanos han estado en las grandes ligas desde el siglo XIX, y entre ellos estaba Roberto Clemente. Fue el primer jugador de béisbol profesional latino que ingresó en el Salón Nacional de la Fama del Béisbol.

Roberto es ampliamente reconocido como uno de los mejores jugadores latinos de la historia de las Grandes Ligas de Béisbol (MLB). Era un gran jardinero derecho, un buen corredor y un lanzador increíble.

Fuera del béisbol, Roberto era un hombre del pueblo. Participó en muchas actividades humanitarias,

Roberto es ampliamente reconocido como uno de los mejores jugadores latinos de la historia de las Grandes Ligas de Béisbol (MLB) [19]

utilizando su plataforma para hablar en favor de la justicia social y ayudar a los necesitados. Era realmente único. Lamentablemente, su viaje terminó demasiado pronto en un accidente aéreo frente a la costa de San Juan de Puerto Rico, y nunca se encontró su cuerpo.

Desde el equipo de ligas menores de los Dodgers de Brooklyn hasta los Piratas de Pittsburgh (Pittsburgh Pirates) de las ligas mayores, Roberto causó sensación allá donde fue. Lideró la Liga Nacional en bateo más de tres veces durante la década de 1960 y jugó en la Serie Mundial de 1971.

Este capítulo trata de la historia de Roberto Clemente, desde sus inicios hasta sus días de gloria. ¿Estás preparado para descubrir cómo empezó todo? ¡Sigue leyendo!

La llamada a la acción de Clemente: Una carrera de compasión

Roberto Enrique Clemente Walker nació en Carolina, Puerto Rico, el 18 de agosto de 1934. Era hijo de Melchor Clemente, trabajador de las plantaciones de caña de azúcar, y de Luisa Clemente.

Roberto tenía tres hermanastros del anterior matrimonio de su madre, antes de que ésta se casara con su padre. Roberto era el menor de los seis hijos. Melchor, su padre, supervisaba las cosechas de caña de azúcar en el municipio situado en la región noreste de Puerto Rico.

A Roberto le enseñaron el valor de mantenerse firme desde muy joven. Para ayudar a su familia con los problemas de dinero, él y sus hermanos trabajaban junto a su padre en el campo, cargando y descargando camiones.

El Sr. Melchor fue un modelo para su hijo. El niño decidió hacer tareas para un vecino y ahorrar sus ganancias, que eran sólo 2 céntimos al día, para comprarse una bicicleta que valía 20 dólares. Aprendió que para conseguir lo que uno quiere, hay que pagar el precio del trabajo duro y la dedicación. El pequeño Roberto pensaba más como un adulto que como un niño de su edad.

Aunque su familia no tenía todo el dinero del mundo, Roberto y sus hermanos experimentaron un gran amor y cuidado en su hogar. La riqueza de una familia cariñosa hizo que los niños tuvieran confianza en sí mismos y fueran emocionalmente inteligentes. Eran una familia contenta y feliz.

A Roberto le atraía el béisbol desde niño. Él y sus amigos fabricaban pelotas improvisadas con trapos y utilizaban palos como bates. Disfrutaba bateando y lanzando la pelota. De adolescente, su talento era inconfundible.

Tenía una fuerza de brazo y una agilidad excepcionales. Los cazatalentos locales no tardaron en prestarle atención. Empezó a jugar para equipos de aficionados, y su reputación se extendió rápidamente. A los 20 años, los Dodgers de Brooklyn le ofrecieron un contrato en 1957, y así comenzó su carrera profesional en el béisbol.

El jugador de béisbol latino

Roberto no pasó mucho tiempo con los Dodgers de Brooklyn. Sólo un año después, firmó un nuevo contrato con los Piratas de Pittsburgh. El entrenador del equipo, Branch Riley, vio su talento y le ofreció la oportunidad de unirse al equipo.

Antes de que Roberto Clemente se uniera a los Piratas de Pittsburgh, la última vez que habían ganado una Serie Mundial fue en 1925. Gracias a Clemente y a otros grandes jugadores como Bill Mazeroski, los Piratas empezaron a hacerlo bien de nuevo a finales de la década de 1950. En 1958 tuvieron su primera temporada ganadora en diez años y se proclamaron campeones de la Liga Nacional dos años después, en 1960.

Cuando llegó a Pittsburgh en 1955, en las Grandes Ligas había muchos jugadores blancos. Era casi como la época de Jackie Robinson. Sin embargo, esta vez había pocos jugadores en los equipos de las Grandes Ligas que no fueran blancos.

Roberto fue uno de los pocos jugadores a los que se dio la oportunidad de unirse a un equipo de las Grandes Ligas de Béisbol. Desgraciadamente, durante su época, había muy pocos hispanos en la ciudad que apoyaran a los jugadores.

El jugador latino era ridiculizado la mayor parte del tiempo porque su inglés no era muy fuerte. Sólo tenía 20 años. Los redactores deportivos le citaban a menudo en un inglés deficiente, algo que no hacían con los jugadores blancos con mala gramática. A veces se referían a él como *Bob* o *Bobby* en lugar de Roberto.

Siguió trabajando duro y pasando por alto sus faltas de respeto. Sin embargo, seguían burlándose de él. Cada vez que se lesionaba, otros jugadores le acusaban de fingir o de ser un vago.

Sin embargo, Roberto no siempre se callaba el acoso. Denunció los malos tratos en muchas ocasiones. Una vez dijo: "Mickey Mantle es Dios, pero si un latino o un negro está enfermo, dicen que es cosa de su cabeza". (Mickey Mantle fue otro gran jugador de béisbol que también jugó a pesar de las lesiones).

Sin embargo, hablar hizo que los jugadores blancos le tuvieran aún más antipatía. Al hablar, se enfrentó a otro estereotipo contra la gente de color: que eran emocionales, bocazas, desagradecidos e impacientes. De la gente de color se esperaba que fuera humilde y agradecida y que no pidiera mucho demasiado pronto.

Justo antes de su temporada de novato, un feo accidente de coche le dejó dolorida la parte baja de la espalda. Esta lesión de espalda le obligó a sentarse durante un buen número de partidos, lo que estropeó su año de debut. A pesar del dolor, consiguió jugar más de la mitad de los partidos de la temporada, es decir, unos 124 partidos.

Con lesiones y dolores recientes, consiguió un decente promedio de bateo de .255. No fue un comienzo de superestrella, pero para un novato que lidiaba con el dolor, demostró verdadera determinación para el éxito.

En la década de 1960, los aficionados al béisbol estaban conmocionados por lo mucho que Roberto arrasaba en el juego año tras año. Apareció en todos los partidos del All-Star de la Liga Nacional. Sólo faltó una vez, en 1968.

Recibió varios premios Guante de Oro por ser un gran defensor. Este premio, destinado a los jardineros, comenzó en 1961 y ha continuado desde entonces.

Aunque Roberto obtuvo varios premios por sus habilidades de lanzamiento, sus habilidades de bateo también le valieron el título de bateo de la Liga Nacional en cuatro ocasiones. Consiguió uno en 1961, otro en 1964, 1965 y también en 1967. No eran títulos pequeños.

En 1966, su año de MVP, bateó la pelota con una media de .317, lanzó 29 jonrones e hizo 119 carreras. El año siguiente, 1967, continuó con 23 jonrones, 110 carreras impulsadas y un promedio de bateo de .357, el mejor de su carrera.

Los Piratas, liderados por Roberto Clemente, tuvieron otra oportunidad de ganar la Serie Mundial en 1971. Se abrieron camino en las eliminatorias, venciendo a los Gigantes para ganar la liga. Esto significaba que tenían que luchar con los vigentes campeones, los

Orioles de Baltimore. Tras una intensa batalla de siete partidos, los Piratas salieron vencedores absolutos.

A los 37 años, Roberto Clemente seguía siendo increíble en el plato. Destrozó la bola frente a todos los lanzadores, bateando un increíble .414. Incluso consiguió un jonrón decisivo en el último partido. Con este récord, no hay duda de que merecía el trofeo de MVP de la Serie Mundial.

Avancemos hasta el 30 de septiembre de 1972. Clemente acababa de celebrar su 38 cumpleaños un mes antes. Ese mismo día consiguió el *hit* número 3.000 de su carrera. Fue un gran día en su carrera porque llegar a los 3.000 *hits* no era algo habitual para los jugadores de béisbol.

Sólo un selecto grupo de otros 28 jugadores en toda la historia del juego había alcanzado ese hito. Sin embargo, resultó ser un momento agridulce. La celebración no duró mucho, ya que fue su último bateo de la temporada regular. La temporada de 1972 fue el final de la estrella puertorriqueña de las Grandes Ligas.

Los esfuerzos de ayuda de Roberto

Gran parte del legado de Roberto fueron sus esfuerzos por influir positivamente en la sociedad. Utilizaba su fama y su estatus como jugador profesional de béisbol de primera fila para hablar de los problemas sociales de la sociedad. Roberto era conocido por ayudar a la gente. Dedicó su tiempo y sus recursos a ayudar en catástrofes en América Latina.

Roberto era conocido por ayudar a la gente [20]

Roberto sabía lo que era ser pobre, por lo que se preocupaba profundamente por la gente menos privilegiada. Podía identificarse con ellas e hizo todo lo que pudo para mejorarles la vida. Su compromiso con la sociedad era feroz.

La ardiente pasión de Roberto Clemente por retribuir estaba profundamente arraigada en su herencia puertorriqueña. Utilizó su fama en el béisbol para defender diversas causas filantrópicas. Incluso dirigió una clínica gratuita de béisbol para niños desfavorecidos.

La clínica de béisbol fue su intento de enseñar a los niños la mecánica del juego y mostrarles el gran potencial que llevaban dentro. Les ofreció la oportunidad de perseguir sus sueños de béisbol.

Roberto era un hombre generoso hasta la médula. Mientras vivió, no se limitó a observar cómo sufría la gente a causa de los desastres naturales que devastaron comunidades enteras. Buscó activamente formas de alejar el sufrimiento. Comprendía la fuerza que proviene de la unidad y el poder de los recursos colectivos para construir un futuro mejor.

Sus acciones coincidían con su poderosa cita: "*Cada vez que tienes la oportunidad de marcar la diferencia en este mundo y no lo haces, estás malgastando tu tiempo en la Tierra*".

El 23 de diciembre de 1972, un fuerte terremoto sacudió la ciudad de Managua, destruyéndola, matando a mucha gente y dejando a muchos sin hogar. La gente estaba muy angustiada y pedía ayuda a gritos.

Roberto intervino en cuanto pudo. Rápidamente organizó los esfuerzos de socorro, reuniendo suministros y fondos para ayudar a las víctimas. Utilizó su estatus para ganarse muchos apoyos y trabajó incansablemente para asegurarse de que los recursos y materiales puestos a disposición llegaran a quienes los necesitaban.

Clemente hizo algo más que recaudar dinero para la ayuda. También se implicó en todo el proceso. Todo parecía ir bien hasta que le llegaron informes de que la ayuda no llegaba a la gente debido a la corrupción del gobierno nicaragüense.

Roberto pensó: "*No puede ser que eso ocurra bajo mi vigilancia*". Así que ideó una forma de solucionarlo. Decidió ir con el siguiente envío para asegurarse de que llegaba a las personas adecuadas. Lamentablemente, esto condujo a un trágico suceso.

Era el 31 de diciembre de 1972, cuando Roberto subió a un avión de carga DC-7 para asegurarse de que iba a donde debía. El avión parecía bastante decente, pero tenía un pequeño problema: estaba lleno de suministros para Managua.

Como consecuencia, el avión pesaba demasiado y estaba en malas condiciones. Aunque al principio parecía volar bien tras despegar de San Juan de Puerto Rico, de repente se estrelló en el océano. La muerte de Roberto fue una pérdida importante, no sólo para el béisbol, sino también para toda la gente a la que había ayudado.

Roberto fue un hombre desinteresado hasta su muerte. Justo cuando su carrera ocupaba el lugar que le correspondía en la cima, decidió arriesgar su vida para ayudar a los demás. Su legado no está sólo en sus récords de béisbol, sino en las vidas que cambió y en las comunidades que inspiró.

La muerte de Roberto Clemente enlutó a las Grandes Ligas de Béisbol y a los aficionados de todo el mundo. Su pérdida se sintió profundamente. Sin embargo, su legado sigue vivo. Su dedicación a ayudar a los necesitados inspiró el Premio Roberto Clemente.

Ahora, cada año, el Premio se concede al jugador de la MLB que demuestra más deportividad, implicación en la comunidad y dedicación a ayudar a los demás, como hizo Clemente.

La vida y la trágica muerte de Roberto Clemente demuestran lo mucho que puede hacer una persona. Su firme compromiso de ayudar a los demás ha tenido un impacto duradero. La historia de Roberto es un ejemplo perfecto del poder de la bondad y de los efectos duraderos de una vida dedicada a ayudar a los demás.

Un legado de liderazgo

En 1971, Roberto pronunció uno de sus discursos públicos más sentidos. De pie en el escenario, agarrando el premio por ser el jugador más destacado en la victoria de la Serie Mundial de aquel año, su voz se quebró de emoción mientras hablaba. "*Si me dan luz verde, la financiación para poner esto en marcha. Aunque signifique abandonar el juego ahora mismo, hoy mismo, lo haré*". Se refería a sus planes para una ciudad deportiva.

Roberto anhelaba construir algo más grande, algo que elevara a los jóvenes menos privilegiados de su querido Puerto Rico. Se dedicó a construir clínicas y escuelas y a organizar obras benéficas.

Planeaba construir un complejo deportivo en expansión, una "ciudad deportiva", que sería un espacio seguro para que los jóvenes con problemas encontraran dirección y objetivos.

Mientras seguía recaudando fondos para el proyecto, el último año de su vida vio avances.

Cuando regresó a Puerto Rico tras la temporada de 1971, Clemente y su íntimo amigo, el arquitecto Octavio Rodríguez-Mayoral, empezaron a hacer planes. Todos los viernes por la noche se reunían en el amplio balcón de la residencia de Clemente en lo alto de una colina, con vistas a la hermosa ciudad de San Juan.

Tomaban café y hablaban de sus visiones comunes. Sus sesiones se prolongaban a menudo hasta bien entrada la medianoche. Tomaban notas y hacían bocetos. Pronto, el proyecto empezó a tomar forma sobre el papel.

Las cosas no salieron según lo previsto, pero tal vez había una visión más amplia. Como suele decirse, a veces las cosas salen de forma inesperada. Para Roberto Clemente, esto no podría haber sido más exacto. Lo que parecía un gran revés se convirtió en un sorprendente comienzo. Con el tiempo, su sueño volvió lentamente a la vida de una forma conmovedora.

En 1972, un pesado silencio descendió sobre el mundo del béisbol. Roberto Clemente se había ido a causa de un accidente aéreo en una misión de misericordia a Nicaragua, azotada por un terremoto. Fue terriblemente injusto.

Cuando se corrió la voz del fallecimiento de Clemente, el espíritu alegre de la Nochevieja en Puerto Rico se desvaneció más rápido que una mosca volando. Las calles se vaciaron y las radios se callaron casi por completo, salvo por las noticias sobre la muerte de Roberto. Para todos -los que le conocían y los que no- las lágrimas fluyeron durante toda la semana.

Las brillantes luces del béisbol se apagaron con la muerte de Roberto. El mundo acababa de perder para siempre a un campeón. Sin embargo, su memoria no fue olvidada. Escuelas, puentes y parques -desde sus raíces puertorriqueñas hasta Pittsburgh, donde jugaba, e incluso al otro lado del océano, en Alemania- recibieron su nombre como símbolo de lo mucho que influyó en la sociedad.

Hablando de impacto, el gobierno de Puerto Rico dio un gran paso adelante tras la muerte de Clemente. Donaron unas 304 hectáreas cerca del barrio de su infancia y ayudaron a hacer realidad el sueño de Roberto de una ciudad deportiva en expansión.

La querida idea de la ciudad deportiva de Roberto se hizo realidad en Carolina, su ciudad natal. Fue dirigida por su familia y amigos íntimos. La Ciudad Deportiva se ha convertido en un lugar donde más de un millón de niños pueden expresar sus sueños, algunos de los cuales han llegado a convertirse en estrellas de las ligas mayores, como Bernie Williams e Iván Rodríguez.

Cada 15 de septiembre, durante el Mes Nacional de la Herencia Hispana, las Grandes Ligas de Béisbol celebran el Día de Roberto Clemente.

Los hijos de Clemente siguieron los pasos de su padre. Su Fundación Roberto Clemente sigue prestando ayuda en caso de catástrofe, organiza clínicas de béisbol y ofrece programas para jóvenes desfavorecidos.

El legado de Roberto Clemente fue demasiado grande sólo para su patria. Se convirtió en un fenómeno mundial. Ahora, cada vez que se menciona su nombre, la gente ya no sólo oye "Roberto, el brillante jugador de béisbol".

El nombre de Roberto es sinónimo de valentía, responsabilidad social y un ardiente deseo de marcar la diferencia en la sociedad [21]

Su nombre es sinónimo de valentía, responsabilidad social y un ardiente deseo de marcar la diferencia en la sociedad. Aunque de corta duración, su vida dejó huella en el mundo por sus actos de amor.

Lecciones de la vida de Roberto

Sigue siempre tus sueños por grandes que parezcan. Roberto empezó su andadura en el béisbol de niño, golpeando una pelota improvisada con un palo. Hoy es uno de los mejores jugadores de béisbol de la historia. Tus sueños tienen el potencial de convertirse en realidad. No lo olvides nunca.

La gente se burlaba de él por su inglés, pero él decidió seguir adelante en lugar de abandonar como esperaban que hiciera. A veces, puedes encontrarte con gente mezquina que disfruta diciendo cosas malas e hirientes a los demás. Como Roberto, no dejes que eso quiebre tu espíritu.

Tienes lo que hace falta para llegar a ser grande, no importa lo que te digan. Te lo digan a la cara o a tus espaldas, no importa. Tú eres más fuerte. Aprende esto de Roberto: en lugar de discutir o huir, demuestra que se equivocan convirtiéndote en un maestro en aquello que te apasiona.

Roberto era un hombre amable y compasivo que aprovechaba cualquier oportunidad para ayudar a la gente. Sé como él. Siempre que tengas ocasión, ayuda a alguien que lo necesite. Sé amable con la gente. El mundo necesita más gente amable.

Citas célebres de Roberto Clemente

- *"No juego al béisbol sólo por dinero. Juego por amor al juego y para inspirar a los demás".*
- *"Mi padre solía decir: 'Quiero que seas un buen hombre; quiero que aprendas a trabajar. Y quiero que seas una persona seria'. Crecí con eso en la cabeza".*
- *"Quiero que se me recuerde como un jugador de béisbol que dio todo lo que tenía que dar".*
- *"Cada vez que tienes la oportunidad de marcar la diferencia en este mundo y no lo haces, estás malgastando tu tiempo en la Tierra".*

Capítulo 8: El milagro de los Mets en 1969

No todos los equipos de béisbol empiezan como campeones. Todos los grandes equipos y todos los jugadores legendarios han tenido sus tropiezos y caídas. Incluso los más grandes campeones fueron una vez principiantes, cometiendo errores, aprendiendo y afrontando derrotas. Es a través de estas luchas como se hacen más fuertes, más sabios y más decididos.

Este capítulo trata sobre el asombroso equipo de béisbol de los Mets y su viaje de cero a héroe. Se les considera el mejor equipo desvalido del mundo.

Recuerdas lo que es un desvalido, ¿verdad? Esta historia tiene lugar en la ciudad de Nueva York durante el siglo XIX, cuando los partidos de béisbol empezaron a ganar popularidad.

A los Mets se les considera el mejor equipo desvalido del mundo [22]

El equipo pasó de ser un equipo perdedor conocido popularmente a un grupo de jugadores que tuvieron la oportunidad de cambiar la narrativa y escribir su propia historia. Cada ponche era un peldaño hacia la mejora.

Los Milagrosos Mets, como se les apodó más tarde, optaron por ser persistentes; siguieron intentándolo una y otra vez hasta que consiguieron su gran avance. Demostraron que el camino hacia el éxito está pavimentado de retos y reveses, pero no se trata de dónde empiezas. Se trata del esfuerzo que pongas en el juego.

Conoce al equipo *underdog*

Érase una vez un equipo de béisbol en un distrito (como un barrio de una ciudad) llamado Queens, situado en la ciudad de Nueva York. La gente los conocía como el Club Metropolitano de Béisbol de Nueva York o, más sencillamente, los *Mets*.

Los Mets eran bastante populares durante la década de 1960. Cualquiera que supiera algo de béisbol sabía quiénes eran. Sin embargo, no eran conocidos por sus victorias, sino por sus derrotas.

Eran tan malos que la gente dejó de seguir sus partidos. Si los Mets tenían que jugar un partido, la mayoría de la gente podía saber que el resultado sería una derrota grande y decepcionante. Fallaban. Fallaban las recepciones. ¿Su bateo? Aunque parezca una locura, era más probable que les golpeara un lanzamiento en la cabeza a que ellos mismos batearan la pelota. Eran el mayor blanco de las risas en el deporte.

Algunos de los residentes solían bromear sobre los Mets. Gruñían y reían, sacudiendo la cabeza ante lo desesperanzado que era el equipo. Sus seguidores veían los partidos, sin esperar gran cosa, pero con la esperanza de que ocurriera un milagro.

De vez en cuando, alguien tenía un rayo de esperanza. Tal vez había un batazo sólido o una buena recepción, pero siempre duraba poco. Era como si hubieran firmado un contrato con el fracaso, por lo que era necesario encontrar la forma de perder, aunque hubieran podido ganar. Sencillamente, se les daba mal el juego.

Los Mets se convirtieron en unos perdedores tan adorables que los mejores momentos de sus partidos eran siempre un tema divertido para las tertulias nocturnas de la radio local y las televisiones con antenas. En su primera temporada perdieron hasta 120 partidos.

Perdieron más de 109 partidos por temporada durante sus cuatro primeras temporadas. Tuvieron hasta 737 derrotas durante sus primeras siete temporadas y mantuvieron la novena posición en una Liga Nacional de diez equipos durante sus primeros años.

Casey Stengel, su primer entrenador, les apodó los "Increíbles Mets". Como pulla al equipo, decía: "Llevo cien años en este juego, pero veo nuevas formas de perder que antes no sabía que existían". Sin embargo, amaba a su desventurado y torpe equipo.

La temporada mágica de los Mets

En 1969, los Mets habían sufrido tantas derrotas que, de ser posible, les habrían dado un premio por ser buenos perdedores. Así pues, era natural que su temporada de 1969 empezara con mucha gente dudando de su competencia.

La temporada empezó igual que todas las demás, con muchos altibajos. El equipo de los Mets de 1969 estaba formado por una alineación titular y un cuerpo de lanzadores que no habían cumplido los 26 años. Eran muy jóvenes y estaban llenos de esperanza cada vez que salían al campo.

Al principio de la temporada de 1969, consiguieron ganar algunos partidos y perder otros. Sólo pudieron mantener un número igual de victorias y derrotas durante los primeros meses.

Antes del siguiente partido de la temporada, su nuevo entrenador, Gill Hodges, entró en el vestuario para hablar con los nuevos y jóvenes jugadores y decirles que podían hacerlo mejor de lo que mostraban las estadísticas. No les gritó. No les regañó. Simplemente les hizo creer que podían hacer más.

En ese momento, la ofensiva de los Mets, es decir, lo bien que podían marcar carreras, no parecía muy fuerte. Sus lanzamientos, que se refieren a lo bien que podían impedir que el otro equipo marcara, parecían prometedores, pero tampoco eran muy fuertes todavía.

En toda la ciudad, los periódicos, la radio y la televisión discutían a menudo cómo a los Mets les faltaba experiencia y no parecían tan buenos como los mejores equipos de la liga. Cada vez más gente dudaba de su capacidad para jugar y ganar en esta temporada concreta.

La charla de ánimo de su entrenador, Gill, pareció haber despertado algo en ellos porque, después de eso, ganaron los once partidos siguientes y empezaron a competir seriamente con el equipo de los Cachorros de Chicago en términos de clasificación. Esto llamó la atención de los aficionados, que esperaban una temporada mejor. Todos cruzaban los dedos para que 1969 no fuera otro mal año para el equipo.

A pesar de todos los comentarios negativos, algo especial estaba empezando a ocurrir con los Mets, y la gente empezó a verlo desarrollarse. Aunque su ofensiva no era fuerte y sus lanzadores aún estaban formándose, había pequeños signos de mejora. Algunos de los jugadores más jóvenes empezaban a demostrar que podían soportar la presión de los grandes partidos.

El equipo empezó a jugar mejor junto, aunque no siempre se reflejara de inmediato en el número de victorias. Era como ver crecer lentamente una planta. Al principio no podías ver muchos cambios, pero sabías que algo estaba ocurriendo bajo la superficie. Las cosas estaban a punto de cambiar de verdad.

Tom Seaver empezó a dar muestras de convertirse en uno de los mejores del juego; ganó 25 partidos para su equipo en la temporada de 1969 [23]

Para el 1 de septiembre, el equipo se había puesto las pilas. Algunos jugadores clave, como Tom Sever y Jerry Cosman, ganaban partidos tras partidos. Tom Seaver empezó a dar muestras de convertirse en uno de los mejores del juego; ganó 25 partidos para su equipo en la temporada de 1969, lo que es mucho para un lanzador, y pronto fue ascendido a líder del equipo. Su éxito en el montículo aumentó la confianza de todo el equipo, tanto de los miembros como de los aficionados.

Otro jugador clave, Cleon Jones, lideraba la liga en bateo. Jones era uno de los mejores bateadores del equipo, y su promedio de bateo de .340 era de hecho uno de los mejores de la liga.

A medida que avanzaba la temporada, los Mets empezaron a jugar cada vez mejor. Empezaron a ganar más partidos y a escalar posiciones en la clasificación. Los aficionados que habían perdido la esperanza empezaron a ilusionarse de nuevo. Al final de la temporada regular, los Mets habían ganado 100 partidos y acabaron en primer lugar de su división.

Fue una gran sorpresa, porque nadie esperaba que los Mets fueran tan buenos. El asombro era evidente en los rostros de los aficionados y de los no aficionados. De hecho, su base de seguidores crecía más y más a medida que ganaban más partidos.

Los Mets pasaron a jugar las eliminatorias. En la primera ronda se enfrentaron a los Bravos de Atlanta (Atlanta Braves) y ganaron tres partidos seguidos para pasar a la Serie Mundial. La Serie Mundial es la serie del campeonato de béisbol, y era increíble que los Mets hubieran llegado tan lejos. Se enfrentaron a los Orioles de Baltimore, un equipo muy fuerte que todo el mundo pensaba que ganaría fácilmente.

Los Orioles de Baltimore eran el mejor equipo que el béisbol había visto en una década, y eso hizo temblar un poco a los jóvenes jugadores de los Mets, pero no se rindieron. Antes de que empezara el partido, el mánager volvió a reunirlos y les dijo: "Chicos, no hace falta que sean otra cosa que lo que han sido". Así que entraron en el partido dispuestos a jugar con todo su corazón y determinación.

Los Mets perdieron el primer partido en Baltimore, pero ganaron el segundo. Esto dio a Ron Swoboda, jugador de los Mets, un sentimiento de esperanza: se dio cuenta de que los Orioles no eran imbatibles. Cuando los partidos se trasladaron al Shea Stadium de Nueva York, las cosas mejoraron aún más para los Mets. Sus seguidores eran conocidos por ser ruidosos y enérgicos, y el estadio Shea estaba construido de tal forma que todos los vítores sonaban aún con más fuerza. Era como tener miles de jugadores más en el campo, ¡todos animando a los Mets!

El tercer partido fue una victoria total de los Mets, con increíbles jugadas del jardinero central Tommie Agee. Más tarde, las cosas volvieron a ponerse intensas durante el cuarto partido, en el que los Mets ganaron 1-0. Entonces, en la última entrada, los Orioles estuvieron a punto de empatar el marcador. Ron Swoboda, jugador de los Mets, hizo una parada que parecía imposible, pero los Orioles consiguieron marcar una carrera. Parecía que los Mets volverían a perder.

Afortunadamente para los Mets, estaba a punto de producirse un milagro. En las entradas extra, que son como las rondas extra que se juegan una vez terminadas las nueve entradas normales, los Orioles cometieron algunos errores, lo que dio ventaja a los Mets. Ahora estaban a una sola victoria de ganar toda la Serie Mundial, y éste era un equipo que la gente creía que no tenía ninguna posibilidad.

Finalmente, el 16 de octubre de 1969, los Mets jugaron el partido decisivo. Empezó mal para el equipo porque los Orioles ya se habían adelantado por 3 a 0 al principio, pero los Mets hicieron todo lo posible por mantener la calma y jugar el partido sin pánico.

Al final de la octava entrada, el marcador estaba empatado y los Mets necesitaban tres *outs* para ganar. El lanzador Jerry Koosman lanzó la pelota, el público enloqueció, y el jugador de los Mets Cleon Jones atrapó el último *out* de Dave Johnson, que golpeó la bola hacia la parte profunda izquierda del campo.

Los corazones se detuvieron un segundo, ¡y entonces las cosas se volvieron locas! El estadio estalló en vítores. Los seguidores de los Mets corrieron al campo para celebrarlo, y uno de ellos incluso levantó un cartel que decía: "No hay palabras", porque la victoria del equipo era tan asombrosa.

La victoria de los Mets en 1969 se recuerda como una de las mayores victorias de la historia del béisbol. Ganaron la Serie Mundial en cinco partidos, venciendo a los Orioles por 4 a 1, lo que fue un milagro en sí mismo teniendo en cuenta el estatus de los Orioles como el mejor equipo de la época. Los Mets, que siempre habían sido vistos como perdedores, se habían convertido en campeones. Los aficionados estaban muy contentos y llenos de alegría.

Toda la ciudad de Nueva York celebró su victoria. El asombroso cambio de rumbo de los Mets en 1969 les valió el apodo de los "Milagrosos Mets". La temporada demostró que incluso un equipo del que no se esperaba que ganara podía hacerlo con trabajo duro, un poco de suerte y un montón de seguidores animándolos.

Cómo los Milagrosos Mets inspiraron a los aficionados

La temporada de 1969 de los Mets de Nueva York fue una temporada asombrosa que causó sensación en todo el país, y la gente sigue hablando de ella hoy en día. Un equipo que no era muy fuerte, un equipo que no era realmente bueno en el juego durante muchos, muchos años, de repente ganó la Serie Mundial, y esto fue un gran acontecimiento porque en realidad nadie esperaba que ganaran. ¿Quién hubiera pensado que era posible?

El equipo recibió el nombre de "Milagrosos Mets" porque parecía un milagro que ganaran. Su victoria trajo mucha felicidad a los aficionados al deporte y orgullo a muchos durante una época en la que Estados Unidos se enfrentaba a la guerra de Vietnam. La victoria de los Mets hizo que los ciudadanos se unieran y celebraran por el deporte y encontraran la felicidad, incluso cuando otras cosas en el país iban mal.

Los Mets empezaron a jugar en 1962, y durante los primeros años perdieron muchos partidos. La gente pensaba que eran uno de los peores equipos del béisbol. Las cosas cambiaron para el equipo cuando consiguieron un nuevo entrenador, Gil Hodges, y tuvieron grandes jugadores como Tom Seaver, Jerry Koosman y Tug McGraw, jugadores que trabajaban muy duro y jugaban muy bien con una dedicación demencial.

Las cosas cambiaron para el equipo cuando consiguieron un nuevo entrenador, Gil Hodges [24]

Los Mets sorprendieron a todos ganando 100 partidos esa temporada. Ganaron su liga y luego ganaron también la Serie Mundial. Cuando los Mets ganaron, sus seguidores se sintieron increíblemente felices. Mucha gente de Nueva York y de todo el país estaba encantada porque la victoria de los Mets era como una victoria para todos ellos.

Fue emocionante ver cómo un equipo que antes era tan malo se convertía en campeón. Los aficionados lo celebraron con ellos, sintiendo que formaban parte de algo especial. La victoria de los Mets hizo que la gente se sintiera orgullosa de ser seguidora del equipo y orgullosa de su ciudad. Demostró que incluso cuando las cosas parecen imposibles, pueden ocurrir grandes cosas si sigues intentándolo y nunca te rindes.

Los últimos años de la década de 1960 fueron una época difícil en Estados Unidos. Había muchos problemas, y la gente estaba a menudo preocupada y disgustada. Aparte de la guerra de Vietnam, también hubo grandes luchas por los derechos civiles, ya que la gente trabajaba para acabar con el trato injusto y el racismo. Con tantas cosas difíciles ocurriendo, era fácil que la gente se sintiera dividida y triste, pero entonces los Mets ganaron la Serie Mundial, y durante un rato, eso unió a la gente.

Todo el mundo podía compartir la felicidad de la victoria de los Mets, independientemente de lo que ocurriera en sus vidas. La victoria de los Mets dio a la gente algo positivo en lo que centrarse y una razón para sonreír. Su victoria unió a personas de todos los orígenes. Aficionados que quizá no tenían mucho en común encontraron algo que celebrar juntos.

La emoción de los partidos, las increíbles remontadas y la victoria final crearon recuerdos maravillosos para todos los que los vieron. La historia de éxito de los Mets muestra perfectamente cómo el deporte puede levantar el ánimo de las personas y hacer que se sientan unidas. Incluso en medio del caos, el deporte puede proporcionar alegría y aportar un sentimiento de comunidad.

La historia de los Milagrosos Mets no terminó en 1969. Su victoria ha seguido inspirando a la gente durante muchos años. Nuevas generaciones de aficionados al béisbol escuchan la historia de los Mets y aprenden que todo es posible si trabajas duro y crees en ti mismo.

Los Milagrosos Mets dieron la vuelta a su historia creyendo que aún podían ocurrir grandes cosas, independientemente de sus récords pasados. La felicidad y el orgullo que su victoria aportó a los aficionados han perdurado durante décadas. La historia de los Mets es un poderoso ejemplo de cómo el deporte puede crear impactos positivos duraderos en la vida de las personas.

Los Milagrosos Mets de 1969 crearon un momento asombroso e inspirador en la historia del béisbol. Su victoria demuestra el impacto cultural y emocional del deporte a la hora de unir a la gente, hacerla feliz y crear recuerdos duraderos. El equipo había escrito sus nombres en las arenas del tiempo y siempre será recordado como un maravilloso ejemplo de esperanza, trabajo duro y de hasta qué punto las actividades deportivas pueden aportar unidad a una comunidad.

Cree en los milagros

Una lección que puedes llevarte a casa de la historia de los Mets es que lo más probable es que experimentes un avance asombroso cuando decidas no rendirte nunca, creer en ti mismo y trabajar junto con la gente que te rodea.

Podrías estar teniendo algunas dificultades, y parece que simplemente no puedes ganar. Tal vez te estés esforzando en la escuela o trabajando en un gran proyecto, y parece que nada va bien. No pasa nada por sentirse así. Recuerda que debes seguir intentándolo. Puede que estés más cerca de ganar de lo que crees.

Las mejores cosas pueden ocurrir justo después de las partes más difíciles. Cada pequeña cosa que haces te ayuda a acercarte a tu objetivo. Así que sigue creyendo en ti mismo. Todo es posible.

Los Mets no dejaron que la sombra de sus primeros años les mantuviera en el suelo. Sí, perdieron muchos partidos y mucha gente pensó que nunca serían campeones, pero su respuesta fue entrenar duro, mantener la concentración y creer que podían mejorar.

Mantente en el camino de lo que quieres, por muy difíciles que parezcan las cosas. Responde como los Milagrosos Mets y elige seguir intentándolo y creyendo que puedes mejorar. Al final todo saldrá bien.

En esta temporada milagrosa, los Mets jugaron con mucha pasión y se apoyaron mutuamente como equipo. Su duro trabajo y su fe en sí mismos dieron sus frutos de inmediato, y consiguieron el título de la Serie Mundial, el mayor premio del béisbol.

El poder de la creencia es muy potente. Creer en ti mismo y en tu equipo te da fuerzas para superar obstáculos aún mayores. Cuando la gente dude de ti, puedes demostrarles que se equivocan siendo positivo y centrándote en la superación personal. Esto es cierto no sólo en el deporte, sino también en la vida. Ya se trate de un trabajo escolar, de un partido o de cualquier otra cosa, si pones todo tu corazón en ello y crees que puedes tener éxito, puede que te sorprendas a ti mismo.

¿Te diste cuenta de lo apasionados que estaban los jugadores por ganar? La pasión es otro elemento importante en la historia de los Milagrosos Mets. Los jugadores no sólo amaban el juego. Les apasionaba, y eso les daba valor para jugar lo mejor posible.

Cuando algo te apasiona, te da energía y motivación extra. Tu pasión puede incluso inspirar también a otros, haciendo que todo tu equipo sea más fuerte. Si haces las cosas que amas con todo tu corazón, puedes conseguir grandes cosas.

El trabajo en equipo es otro elemento que los Mets perfeccionaron. Comprendieron la importancia de trabajar juntos, se apoyaron mutuamente y jugaron como un equipo. Cada jugador tenía un papel, y confiaban en los demás para dar lo mejor de sí mismos una vez que aparecían en el campo.

A partir de esto, puedes aprender a trabajar junto con tu equipo y a confiar los unos en los otros. Puedes conseguir mucho más de lo que podrías solo. El trabajo en equipo es una parte fundamental para hacer realidad los sueños, y éste era el superpoder que tenían los jugadores de los Mets.

Así que, siempre que te enfrentes a algo difícil, acuérdate también de los Mets. Recuerda su historia y luego dite a ti mismo que si ellos pudieron hacerlo, entonces tú también puedes darle la vuelta a tu historia. Comprende que tu pasión puede crear tus deseos y sigue soñando en grande.

Aunque te sientas como el desvalido, no te preocupes. Sigue trabajando en ti mismo. Tarde o temprano, conseguirás cosas increíbles. Como hicieron los Mets, verás que los milagros pueden ocurrir cuando menos te lo esperas.

Capítulo 9: El liderazgo de Derek Jeter

Derek Jeter es otro gran deportista que ha marcado muchas vidas con sus extraordinarias habilidades como legendario jugador de béisbol. Su nombre, cuando se menciona, nunca deja de iluminar los rostros de la gente con sonrisas y brilla con luz propia en el ámbito de los honorables partidos de béisbol.

Derek Jeter es un gran deportista que ha marcado muchas vidas con sus extraordinarias habilidades como legendario jugador de béisbol [25]

En este capítulo, aprenderás sobre el gran Derek Jeter. Todo, desde su vida de niño hasta convertirse en un venerado capitán de equipo. Como cualquier joven amante del béisbol, Derek también creció amando este deporte.

El niño pasaba horas con su padre durante el día y se pasaba las noches soñando con jugar con el equipo de los Yankees de Nueva York. El viaje de Derek desde un niño con grandes sueños hasta convertirse no en un jugador de béisbol cualquiera, sino en uno de los más grandes de todos los tiempos, es realmente inspirador.

Mira cómo empezó su carrera con los Yankees de Nueva York, cómo se convirtió en uno de los favoritos de los aficionados y cómo perfeccionó su fildeo y su bateo decisivo o de *clutch* hasta el punto de que se convirtió en algo por lo que era realmente conocido y apreciado. Incluso fue nombrado "Captain Clutch" (que podría traducirse como: "El capitán confiable en situaciones cruciales") de su equipo.

Derek era un gran jugador de béisbol, pero era mucho más que eso. Estaba muy comprometido con la excelencia, el trabajo duro y la tutoría de los jugadores más jóvenes. Su carrera le hace destacar como un buen ejemplo de cómo debe ser un buen líder dentro y fuera del campo.

Como campocorto profesional de béisbol, tiene más de 20 años de experiencia en las Grandes Ligas de Béisbol. Ha ganado 14 veces el título de All-Star y cinco veces el campeonato de la Serie Mundial para su equipo.

Fiel a su propósito de ser la inspiración de muchos, creó la Fundación Turn 2, que ayuda a los jóvenes a mantenerse alejados de las drogas y el alcohol, al tiempo que los anima a rendir bien en la escuela. Incluso después de retirarse del béisbol en 2014, siguió inspirando a otros a través de su labor benéfica y compartiendo su historia. La vida y la carrera de Derek Jeter demuestran que, con trabajo duro, determinación y un buen corazón, puedes alcanzar tus sueños y tener un impacto positivo en el mundo.

Los comienzos de Derek Jeter

Derek nació el 26 de junio de 1974 en Pequannock Township, Nueva Jersey.

Curiosamente, los padres de Derek se conocieron cuando ambos servían en el ejército estadounidense y estaban destinados en Frankfurt (Alemania). Derek fue criado por los padres de Dorothy -su madre-

hasta los cuatro años, cuando sus padres decidieron trasladarse de Nueva Jersey a Kalamazoo, Míchigan.

Se puede decir con seguridad que el amor de la familia por el béisbol es profundo, porque Derek no fue el único que jugó a este deporte. No era de extrañar que Derek desarrollara pasión por el juego, ya que su padre, Charles Jeter, fue jugador de la Universidad de Fisk.

En cambio, su madre, de ascendencia inglesa, alemana e irlandesa, era contable y tenía experiencia en sóftbol.

Era, en efecto, una familia que amaba los deportes. El pequeño se aficionó a los deportes desde muy pequeño, sobre todo al béisbol, que era una discusión habitual en su casa.

La hermana de Derek, Sharlee, no se quedó atrás, ya que también eligió su propio bando en el equipo deportivo. Fue una estrella del sóftbol en el instituto, igual que su madre. Era un caso de "de tal palo tal astilla" por partida doble.

Siempre que tenía la oportunidad de pasar algún tiempo con sus abuelos en Nueva Jersey, Derek asistía a los partidos de los Yankees, lo que avivó su pasión por el béisbol. El niño pronto empezó a soñar con convertirse en jugador de béisbol.

Cada vez que lo visitaba, se fijaba en un jugador en particular, Dave Winfield, jardinero de los Yankees. Dave se convirtió rápidamente en el jugador favorito de Derek y en su fuente de inspiración para perseguir su sueño.

Cuando Derek tuvo edad suficiente para ir a la escuela secundaria, se matriculó en el Kalamazoo Central High School de Míchigan. Durante sus días de secundaria, su talento atlético brilló con luz propia. Se unió al equipo de béisbol en cuanto pudo. Debido a su amor por los deportes, era en realidad un atleta versátil. Podía practicar más de un deporte, y eligió el béisbol, el baloncesto y el campo a través. Era bastante alto para su edad.

Algunos de sus logros más notables en el béisbol de secundaria fueron una BA (promedio de bateo) de 0,557 en su segundo año y de 0,508 en su tercer año.

Terminó su temporada en el último curso con un promedio de bateo de 0,508, 23 carreras impulsadas, 21 boletos, cuatro jonrones, un porcentaje de *slugging* de 0,831, 12 bases robadas y sólo una ponchada.

Recibió múltiples galardones por estos destacados logros, incluido el reconocimiento All-State y el Premio Gatorade al Jugador del Año de Secundaria de 1992.

Era como ese jugador estrella popular del colegio que todo el mundo conocía. Su nombre estaba por todas partes en los pasillos. Chicas y chicos hablaban de él. Derek era imparable.

Como estudiante que no dejaba de enorgullecer a su escuela con sus habilidades en el béisbol, Derek obtuvo una beca de béisbol para la Universidad de Míchigan. Sin embargo, el destino llamó a su puerta cuando fue elegido por los Yankees de Nueva York en la sexta posición del *draft* amateur de 1992.

Lleno de ilusión y listo para una nueva aventura, Derek decidió renunciar a la universidad y perseguir su sueño de llegar a las Grandes Ligas. Comenzó su carrera profesional con los Tampa Yankees de Clase A de las ligas menores.

Al principio, le costó un poco entrar en la liga porque su carrera en el béisbol profesional y los partidos de béisbol en la secundaria no eran exactamente iguales. Cometió al menos 21 errores en 58 partidos, pero se negó a que esos momentos definieran su carrera.

Derek siguió practicando con más ahínco. Estaba decidido a ser el mejor. Lo dio todo, y en 1993 el resultado era evidente. La South Atlantic League le nombró el jugador prospecto más destacado de las Grandes Ligas y, en 1994, Baseball America le distinguió como Jugador del Año de las Ligas Menores.

Derek Jeter se ha convertido en una figura célebre del béisbol estadounidense. Se le conoce sobre todo como el incondicional campocorto de los Yankees de Nueva York, donde fue seleccionado para varios equipos All-Star de la Liga Americana (en inglés: *American League,* AL) y se convirtió en uno de los jugadores más adorados de su época.

Su ascenso al estrellato no sólo se debió a lo bueno que era en su deporte favorito, sino también a su resistencia y carácter. Sus padres le habían preparado para afrontar los retos sociales de una familia multirracial en Estados Unidos. Su padre le orientó sobre cómo sortear los prejuicios que podría encontrar a medida que progresara. Esto hizo que Derek confiara aún más en que podría hacer frente a cualquier adversidad.

Esto, unido a su talento natural y a su duro trabajo, allanó el camino para su ilustre carrera con los Yankees, donde rindió homenaje a grandes Yankees negros como Willie Randolph y Reggie Jackson, aunque su corazón siempre guardó un lugar especial para Dave Winfield.

El viaje de Derek Jeter, que pasó de ser un niño que asistía a los partidos de los Yankees con sus abuelos a convertirse en uno de los mejores jugadores de las Grandes Ligas de Béisbol, se hizo realidad gracias a su dedicación y amor por el juego. Su talento fue alimentado por la familia e inspirado por mentores, y se mantuvo fiel a sus sueños, persiguiendo la excelencia en cada paso del camino.

El viaje de Jeter a la cima

Las experiencias de Derek con sus abuelos en Nueva Jersey, donde asistía a los partidos de los Yankees de Nueva York, plantaron las semillas de su sueño de jugar para los Yankees. Su camino hacia las ligas mayores estuvo marcado por la determinación y el trabajo duro.

Cuando los Yankees lo eligieron en la primera ronda del *draft* de 1992 de la MLB, Derek no tardó en hacerse un nombre en las ligas menores. El 29 de mayo de 1995 había llegado a las mayores.

Tras su partido de debut, no tardó en establecerse como un jugador importante y una parte vital del equipo. En 1996, Derek completó su primera temporada completa y fue nombrado Novato del Año de las Grandes Ligas de Béisbol. También contribuyó a llevar a los Yankees de Nueva York a su primera victoria en las Serie Mundial en dieciocho años.

Derek demostró a todo el mundo que podía brillar bajo presión con su actuación decisiva en la postemporada y su papel en la Serie de Campeonato de la Liga Americana (en inglés: *American League Championship Series*, ALCS) y la Serie Mundial. Su extraordinaria actuación de *clutch* sigue siendo un tema de conversación entre los amantes del béisbol a día de hoy.

El compromiso del jugador de béisbol con la excelencia era evidente en el duro trabajo que dedicaba a dominar su oficio. Era conocido por sus rigurosas rutinas de entrenamiento y su atención a los detalles. Sus compañeros de equipo le admiraban. Derek hizo un buen trabajo marcando la pauta a seguir.

Su dedicación dio sus frutos, ya que año tras año ofrecía actuaciones sobresalientes. Jeter fue seleccionado para catorce Juegos de Estrellas y ganó cinco Guantes de Oro y cinco Bates de Plata. Recibió estos premios tanto por sus posiciones ofensivas como defensivas en el campo, lo que le convirtió en uno de los jugadores más completos del juego.

Jeter predicaba con el ejemplo, anteponiendo siempre el éxito del equipo al suyo propio [26]

Como líder, el impacto de Jeter se extendió más allá de sus logros individuales. Fue nombrado capitán del equipo en 2003. Predicaba con el ejemplo, anteponiendo siempre el éxito del equipo al suyo propio. Su liderazgo fue más evidente durante la postemporada de los Yankees. Su actuación en los momentos decisivos fue un ejemplo de su capacidad para cumplir en los momentos críticos.

Fuera del campo, Jeter era igual de influyente. Adoptó su papel de mentor de los jugadores más jóvenes, ofreciéndoles orientación y apoyo. Su accesibilidad y su voluntad de compartir sus conocimientos ayudaron a cultivar una cultura de excelencia dentro de la organización de los Yankees. La humildad de Jeter y su respeto por el juego calaron tanto en sus compañeros de equipo como en los aficionados.

Más allá del béisbol, el impacto de Derek también fue evidente en su celo por promover estilos de vida saludables y el rendimiento académico entre los jóvenes. Su compromiso de retribuir a la comunidad cimentó aún más su legado como modelo y líder.

Captain Clutch: Momentos que definieron un legado

Derek construyó su legendaria carrera con los Yankees de Nueva York a través de una serie de momentos inolvidables. Era la realeza de los Yankees, y con razón. Derek era el tipo al que todos admiraban y que definía el juego, y lo hacía sin ninguna duda. Su capacidad para jugar bajo presión le convirtió en uno de los mejores jugadores del equipo. Siempre estaba tranquilo y sereno.

También conocido como "Captain Clutch", Derek Jeter fue un modelo a seguir para los aspirantes a atletas de todo el mundo. Sabía estar a la altura de las circunstancias cuando más importaba. Uno de sus mejores momentos fue durante una increíble jugada de béisbol llamada "The Flip". En un partido muy importante de 2001, los Yankees de Nueva York jugaban contra los Atléticos de Oakland. Los Yankees estaban en un gran aprieto porque necesitaban ganar para seguir en la competición. Apenas ganaban con un marcador de 1-0 en la séptima entrada.

De repente, un jugador llamado Terrence Long, de los Atléticos, golpeó la pelota con mucha fuerza por la primera línea de fondo. Otro jugador, Jeremy Giambi, empezó a correr tan rápido como pudo desde la primera base. Parecía que Giambi iba a marcar para empatar el partido para Oakland, cuando un jugador llamado Shane Spencer lanzó la pelota hacia la base, sin que los jugadores que debían recogerla lo consiguieran.

Algo asombroso ocurrió en ese preciso momento. George Posada, el receptor, recibió una bola lanzada por Derek Jeter, que se lanzó desde un lateral. Posada consiguió atrapar la pelota y tocó brevemente a Giambi antes de que pudiera cruzar la base. Giambi no se deslizó, lo que facilitó que Posada lo sacara.

Esta increíble jugada de Jeter salvó el partido de los Yankees. Ganaron el partido por 1-0 y acabaron ganando toda la serie. Esta jugada fue tan especial porque nadie había visto nada parecido antes, y nadie lo ha vuelto a hacer desde entonces. Demostró lo rápido e inteligente que era Jeter, y cambió el curso del partido y de la serie.

Ese mismo año, hubo otro momento increíble en el béisbol protagonizado por Derek Jeter que le valió el apodo de "Mr. November". También ocurrió en 2001, durante la Serie Mundial, la serie más importante de la temporada de béisbol. Jeter ya había jugado muchos partidos de la Serie Mundial -y éste era el cuarto consecutivo-, pero este año era especial porque todo se había retrasado una semana debido a un acontecimiento muy triste llamado 11-S, cuando Estados Unidos fue atacado por terroristas.

En la noche de Halloween, los Yankees jugaban contra los Diamondbacks de Arizona en el 4º partido. Los Yankees iban perdiendo en la serie, y el marcador estaba empatado a 3-3 en la parte baja de la décima entrada. Derek Jeter salió a batear, enfrentándose a un duro lanzador llamado Byung-Hyun Kim.

Justo después de que el reloj marcara la medianoche, convirtiéndose en noviembre por primera vez en un partido de la Serie Mundial, Jeter hizo algo asombroso. Bateó la pelota por encima de la valla del jardín derecho, marcando el jonrón ganador del partido. Fue el primer jonrón conseguido en noviembre durante un partido de la Serie Mundial. Debido a este increíble golpe, Derek recibió el apodo de "Mr. November".

Otro momento decisivo en la carrera de Jeter se produjo durante la Serie por el Campeonato de la Liga Americana (ALCS) de 1996 contra los Orioles de Baltimore. En el primer partido, con los Yankees perdiendo por 4-3 en la octava entrada, Jeter bateó una bola profunda al jardín derecho. Todo el estadio vio cómo la pelota volaba por los aires, y el jardinero de los Orioles, Tony Tarasco, estaba preparado para atraparla.

Afortunadamente para los Yankees, un aficionado de 12 años llamado Jeffrey Maier alargó la mano y desvió la pelota hacia las gradas. La jugada fue declarada jonrón, empatando el partido. El equipo contrario se enfadó, pero los Yankees ganaron el partido y finalmente la serie.

Otro momento memorable es el día en que Derek Jeter se convirtió en el *Capitán Jeter*. Era el 11 de junio de 2003 y Derek fue nombrado capitán de los Yankees de Nueva York. Acababa de convertirse en el undécimo capitán de la historia del equipo y el primero desde que Don Mattingly se retiró en 1995.

En aquel momento, los Yankees habían ganado 33 partidos y perdido 23, pero últimamente habían tenido problemas, perdiendo 20 de sus últimos 35 partidos. Cuando Derek se convirtió en capitán, ayudó al equipo a volver a la buena senda. Los Yankees trabajaron duro hasta convertirse en el mejor equipo de su grupo. También ganaron el banderín, lo que significa que fueron el mejor equipo de su liga y pudieron jugar en la Serie Mundial.

Aunque ese año no ganaron la Serie Mundial y perdieron contra Josh Beckett y los Marlins, el liderazgo de Jeter como capitán ayudó al equipo a unirse y a jugar mejor. Este momento demostró lo importante que era Jeter para los Yankees y cómo podía guiar al equipo en los momentos difíciles.

Otro día memorable en la carrera beisbolística de Derek Jeter, llamado "Número 3.000", ocurrió el 9 de julio de 2011. Derek jugaba con mucha dedicación, y todo el mundo estaba emocionado porque estaba cerca de conseguir su *hit* número 3.000. Ahora bien, entiende que durante la época de Derek, sólo unos pocos jugadores alcanzaron esta cifra.

A la altura de las expectativas, Derek no sólo consiguió su *hit* número 3.000, sino que además lo hizo con un jonrón. No se detuvo ahí. Acabó consiguiendo cinco *hits* en ese partido, lo que es mucho para un partido. Esto le convirtió en el 28º jugador de la historia en alcanzar los 3.000 imparables. ¿No es increíble?

Aunque tenía 37 años, edad que se considera avanzada para un jugador de béisbol, Derek jugó muy bien ese año. Acabó la temporada con un promedio de bateo de .297. La temporada siguiente, volvió a sorprender a todo el mundo al liderar la liga con 216 bateos y tener un promedio de bateo de .316. Demostró a todo el mundo que seguía siendo uno de los mejores jugadores, incluso cuando la gente pensaba que era demasiado viejo para jugar a un nivel tan alto.

La capacidad de Derek Jeter para rendir bajo presión no era sólo producto de su inmenso talento, sino también de su inquebrantable concentración y fortaleza mental. Su carrera es una serie de momentos decisivos que definieron la era moderna de los Yankees de Nueva York. Ya fuera con un jonrón ganador en la Serie Mundial o consiguiendo su *hit* número 3000, Derek demostró constantemente lo que significa mantener la concentración y la determinación. Su legado como Captain Clutch inspirará para siempre a quienes se enfrentan a la presión y aspiran a la grandeza.

El efecto Jeter

La carrera de Derek Jeter con los Yankees de Nueva York no sólo estuvo marcada por sus extraordinarios logros en el campo, sino también por las poderosas lecciones morales e inspiradoras que impartió con sus acciones y su liderazgo.

Era conocido por su inquebrantable integridad. Demostró sistemáticamente que el verdadero liderazgo va más allá de la habilidad y el talento. Está profundamente arraigado en el carácter. A lo largo de su carrera, Derek fue honesto, justo y respetuoso. Esto le valió la admiración tanto dentro como fuera del mundo del deporte. Su enfoque del juego y de la vida sirve como ejemplo de cómo la integridad en el liderazgo puede inspirar y elevar a los demás.

Uno de los aspectos más llamativos del legado de Derek es su papel como modelo positivo. En una época en la que las acciones de los deportistas fuera del campo suelen ser objeto de escrutinio, Jeter siguió siendo una figura de respeto y profesionalidad. Predicó con el ejemplo, demostrando que el éxito no consiste sólo en los logros personales, sino también en la forma de comportarse. Las interacciones de Derek con los aficionados, los compañeros de equipo y los medios de comunicación fueron siempre respetuosas y atentas.

Su compromiso con su equipo y con el juego ejemplificaba la importancia de la humildad y la gracia [27]

Su compromiso con su equipo y con el juego demostró lo importantes que son la humildad y la gracia. Los jóvenes atletas y los aficionados que admiraban a Derek vieron a alguien que les demostraba que es posible alcanzar la grandeza manteniendo los principios y tratando a los demás con respeto.

Con su vida y su carrera, les enseñó el valor del trabajo duro y la dedicación. Su éxito es producto de un esfuerzo y una determinación incesantes. A pesar de las presiones y los retos que conlleva estar en el centro de atención, siempre se presentaba a los entrenamientos.

Su preparación para cada partido, su atención a los detalles y su voluntad de esforzarse le distinguieron como un jugador que nunca dio por sentado su éxito. Por ejemplo, incluso durante la temporada baja, seguía entrenando y creando rutinas para asegurarse de que se mantenía en buena forma física y mental. Como Derek, si sigues esforzándote y te comprometes a mejorar, alcanzarás el éxito a largo plazo.

Como capitán de los Yankees, dirigió al equipo tanto en los triunfos como en los retos, con mano firme y un enfoque inquebrantable en el bien colectivo. Su capacidad para inspirar a sus compañeros provenía de su propio ejemplo de trabajo duro y de su genuina preocupación por el éxito del equipo.

Su liderazgo nunca tuvo que ver con la gloria personal. Se trataba de hacer lo que fuera necesario para ayudar al equipo a ganar. Este desinterés y la mentalidad de que el equipo es lo primero son lecciones cruciales para cualquiera que ocupe un puesto de liderazgo, pues ponen de relieve que los verdaderos líderes dan prioridad al éxito del grupo sobre los elogios individuales.

Tener éxito es algo más que ganar premios o ser el mejor. También consiste en ser honesto, dar buen ejemplo y trabajar duro. Cuando des lo mejor de ti en la escuela o en los deportes, recuerda que cómo consigues las cosas importa tanto como lo que consigues. Sé siempre sincero, intenta ser un modelo para los demás y esfuérzate al máximo. De este modo, encontrarás el verdadero éxito.

Frases célebres de Derek Jeter

- *"Creo que cuando las cosas persisten, es cuando se convierten en una distracción. No quiero distracciones".*
- *"Siempre me tomo las críticas como un reto. Es la forma en que siempre lo he visto".*

- *"No soy perfecto; nadie lo es. Todo el mundo comete errores. Creo que intentas aprender de esos errores".*
- *"Me encanta cuando la gente duda de mí. Me hace trabajar más duro para demostrarles que están equivocados".*
- *"Rodéate de buena gente. Gente que va a ser honesta contigo y que va a mirar por tus mejores intereses".*
- *"Estás jugando un partido, ya sea las Pequeñas Ligas o el 7º partido de la Serie Mundial. Es imposible hacerlo bien si no te lo estás pasando bien. La gente habla de presión. Sí, hay presión. Pero yo sólo lo veo como diversión".*
- *"Tu imagen no es tu carácter. El carácter es lo que eres como persona".*

Datos curiosos sobre Derek Jeter

- ¡Salía en la tele como actor! Sí. Derek estuvo en un programa de televisión llamado Seinfeld. Puedes verlo si quieres.
- Hay un videojuego llamado Derek Jeter Pro Baseball 2008.
- En las Grandes Ligas, sólo utilizó un tipo de bate durante 14.000 bateos.
- Derek es el único jugador de béisbol que ha ganado el MVP de la Serie Mundial y el MVP del Partido de Estrellas en un mismo año.

Capítulo 10: Mo'ne Davis rompe estereotipos

Cuando te encuentras con la palabra estereotipo, ¿qué te viene a la mente? ¿Sabes lo que significa?

La palabra "estereotipo" se refiere a la creencia general de que un determinado grupo de personas se comportará y tendrá el mismo aspecto.

En este contexto, se aplica la palabra estereotipo porque está muy extendida la creencia de que sólo los chicos son lo bastante fuertes o tienen el cuerpo necesario para batear y lanzar. Este tipo de creencia es lo que Mo'ne Davis llegó a tachar del mundo del béisbol.

Verás, Mo'ne Davis no sólo se unió al tipo de deportes que la gente pensaba que estaban destinados a los chicos, sino que también consiguió ganar algunos títulos increíbles, y apenas tenía 20 años. Cuando apenas tenía 13 años, en 2014, rompió los estereotipos de género en el béisbol al ser la primera mujer lanzadora que lograba una blanqueada en la Serie Mundial de Pequeñas Ligas.

Mo'ne Davis rompió las barreras de género en el béisbol al convertirse en la primera niña que lanzaba una blanqueada en la Serie Mundial de Pequeñas Ligas cuando sólo tenía 13 años, en 2014.[28]

En el béisbol, una blanqueada es cuando un solo lanzador lanza un partido completo y no permite que el equipo contrario anote una carrera. Eso fue lo que Mo'ne consiguió por sí sola para su equipo.

Este último capítulo trata sobre Mo'ne y su viaje hasta convertirse en una de las jóvenes jugadoras de béisbol más célebres. Su historia es realmente asombrosa e inspiradora, y demuestra que se pueden hacer cosas increíbles seas quien seas. Lo que consiguió fue realmente algo muy difícil de hacer. Consiguió demostrar al mundo que las chicas pueden ser tan fuertes, talentosas y decididas como los chicos.

Cuando leas sobre Mo'ne, su historia te ayudará a comprender mejor la *igualdad de género*, que significa que niños y niñas/hombres y mujeres reciben un trato igualitario y justo. Su éxito en el campo de béisbol demuestra que las chicas pueden hacer grandes cosas en los deportes, la escuela, la música, el arte y muchas otras áreas. Aunque algunas personas piensen que ciertas actividades son sólo para chicos, la historia de Mo'ne abre la puerta a una nueva forma de pensar.

Su historia te mostrará lo importante que es creer en ti mismo y trabajar duro, digan lo que digan los demás. Después de leerla te sentirás inspirado o inspirada, sobre todo si eres una chica, para ir tras tus sueños y no dejar que nadie te diga que no puedes hacer algo sólo porque eres una chica. Mo'ne demostró que las chicas pueden conseguir grandes cosas y que todos deben ser tratados por igual, sean chicos o chicas.

El ascenso meteórico de Mo'ne

Lamar Davis, el padre de Mo'ne Davis, y Lakeisha McLean, su madre, le dieron la bienvenida al mundo el 24 de junio de 2001, en Filadelfia, Pensilvania. Su madre se volvió a casar con un hombre llamado Mark Williams cuando ella tenía seis años, y ambos viven juntos desde entonces. Es hermana de dos hermanos.

A Mo'ne le gustaba jugar al fútbol americano en el centro de recreación Marian Anderson de Filadelfia con sus primos y su hermano mayor.

Su capacidad atlética era evidente desde que tenía sólo siete años.

Steve Bandura, director de programas del centro de ocio, se fijó en ella jugando al fútbol americano con su familia. Observó que podía lanzar el balón en espirales impecables sin apenas esfuerzo. También tenía mucha iniciativa para correr y placar a los otros jóvenes rudos.

El director se entusiasmó con ella y, después del partido, la llamó para preguntarle si quería venir al entrenamiento de *baloncesto*.

Aceptó rápidamente, siempre dispuesta a probar cosas nuevas cuando se trata de deportes. Cuando llegó al entrenamiento de baloncesto, estaba muy emocionada y no veía la hora de unirse al partido. Steve vio el brillo en sus ojos y sonrió. Le dijo que primero observara cómo se jugaba.

Cuando llegó el momento de incorporarse al juego, Mo'ne realizó el ejercicio como si llevara toda la vida haciéndolo. Tenía un talento innato. Steve supo entonces que acababa de encontrar una estrella. Mo'ne se convirtió rápidamente en su mejor jugadora de baloncesto y en la única chica del equipo. Sí. Has leído bien. Su equipo estaba formado sólo por chicos. Como estrella nata del deporte, también empezó a jugar al béisbol y al fútbol, y destacó en todos ellos.

Al principio, su madre no tenía ni idea de lo atlética que era Mo'ne, pero nunca impidió que la niña acudiera a los entrenamientos y a los partidos. Cuando era centrocampista suplente y jugadora de campo de fútbol, empezó a lanzar. En 2011, jugó al béisbol como lanzadora, campocorto y tercera base, y como base en baloncesto.

Al reconocer el potencial de la joven, Steve colaboró con otro patrocinador para organizar el traslado de Mo'ne Davis a la Academia Springside Chestnut Hill.

La Academia le proporcionó más plataformas para destacar en varios deportes, entre ellos el fútbol y su favorito, el baloncesto. Esto le dio más margen para desarrollar sus habilidades y conseguir más oportunidades para poner en marcha su carrera deportiva.

El año 2014 fue el año en que Mo'ne hizo historia en el mundo del béisbol. La niña de 13 años podía lanzar una bola rápida a ¡setenta millas por hora! Conquistó los corazones de los aficionados al deporte de todo el país cuando llevó a su equipo, los Taney Dragons, a la victoria con una ventaja de 4 a 0. Básicamente dominó la Serie Mundial de Pequeñas Ligas.

Además de ser la primera niña afroamericana en competir en la Serie Mundial de las Pequeñas Ligas, Mo'ne Davis se convirtió en la primera lanzadora femenina en lograr un "blanqueada" en la competición.

Allí mismo, en el campo de Williamsport, Mo'ne dominó con su excelencia atlética a un equipo del sur de Nashville.

En seis entradas de trabajo, sólo cedió dos *hits* y ponchó a ocho rivales.

Sus bolas rápidas dejaban atónitos a los bateadores del equipo contrario. Tenían que esforzarse para golpear la bola, balanceándose salvajemente con la esperanza de acertar, pero sus bates no encontraban más que aire. Los lanzamientos de Mo'ne eran inigualables.

Este partido convirtió a Mo'ne Davis en la sexta en conseguir un imparable en la historia de la Serie Mundial y en la primera jugadora de las Pequeñas Ligas en aparecer en la portada de Sports Illustrated. Fue nombrada una de "Las 25 adolescentes más influyentes de 2014", "SportsKid del año" en 2014, y un director llamado Spike Lee produjo un documental sobre ella titulado "I Throw Like a Girl". En 2015, participó en el All-Star Celebrity Game de la NBA, celebrado en Nueva

York, y en 2015 publicó un libro titulado My Story From First Pitch to Game Changer_(que podría traducirse como: *Mi historia, del primer lanzamiento al cambio de juego*), coescrito por una mujer llamada Hilary Beard.

Los retos que Mo'ne Davis tuvo que afrontar en su carrera

Mo'ne Davis se enfrentó a muchos retos cuando era joven y jugaba al béisbol. Uno de ellos era que todo el mundo la miraba. La gente se asombraba de lo segura que era, de pie en el campo de béisbol rodeada de chicos y sintiendo que pertenecía a ese lugar.

No sólo actuaba como si le perteneciera. Con sólo 13 años, consiguió toda la atención y el estrellato. Muchos niños de esa edad se habrían asustado, pero Mo'ne dominó el juego. Esto suponía mucha presión, porque tenía que dar siempre lo mejor de sí misma, sabiendo que podía ser un modelo para muchos otros.

Muchas personas diferentes, no sólo aficionados al béisbol, estaban interesadas en verla jugar, desde ancianos hasta madres y padres del fútbol, niños y niñas pequeños e incluso abuelas. Hasta gente a la que no le interesaba el béisbol quería verla jugar porque era una chica que jugaba muy bien en un deporte dominado por los chicos. Les interesaba quién era como persona y no sólo lo que podía hacer en el campo.

Mo'ne tuvo que hacer frente a todo esto sabiendo que había otras chicas que jugaban al béisbol en las escuelas e incluso se presentaban a las pruebas de los equipos nacionales, pero que tal vez no llegarían a una liga de béisbol profesional. Sin embargo, ella seguía siendo única porque tenía el talento, el aplomo y la presencia necesarios para triunfar a niveles superiores. La gente se preguntaba qué podría conseguir en el futuro más allá de ser una niña que juega al béisbol.

Como chica joven con tanta atención mediática sobre ella, Mo'ne tuvo que enfrentarse a mucha presión. La fama que vino con su gracia atlética vino acompañada también de mucho estrés mental y físico por estar en el foco de atención. La gente a menudo presionaba a las chicas que jugaban al béisbol para que se pasaran al sóftbol porque tenía más oportunidades de obtener becas y era el deporte tradicional para las mujeres. Esto significaba que Mo'ne tenía que demostrar constantemente que merecía estar en el campo de béisbol, lo que suponía más tiempo de entrenamiento del habitual y más estrés.

Personas como Julie Croteau, que ya había roto antes las barreras de género en el béisbol, admiraban a Mo'ne, pero también les preocupaba la presión a la que se enfrentaba. Mo'ne tuvo que enfrentarse a la ignorancia y a las burlas de algunas personas mientras intentaba triunfar en el campo. Ser una chica negra en un deporte mayoritariamente blanco y masculino se sumaba a los retos, ya que tenía que superar más barreras que las del campo.

A pesar de todo, Mo'ne Davis mantuvo la cabeza alta. Siguió jugando e inspirando a los demás. Todo el mundo esperaba que fuera siempre perfecta, y si tenía un mal día, la gente podía sacar demasiadas conclusiones, a diferencia de lo que ocurría cuando un chico tenía un mal día. Por eso era aún más importante para ella mantenerse fuerte y concentrada en su juego.

Mensaje de Mo'ne

El éxito de Mo'ne Davis en el béisbol ha causado un gran impacto en la gente, especialmente en las chicas jóvenes. Sus asombrosos logros demuestran a las chicas que pueden creer en sí mismas y perseguir sus sueños, aunque esos sueños parezcan diferentes o difíciles. La historia de Mo'ne da esperanza y demuestra que las chicas pueden hacer grandes cosas, incluso en ámbitos normalmente dominados por los chicos.

Sus asombrosos logros demuestran a las niñas que pueden creer en sí mismas y perseguir sus sueños, aunque esos sueños parezcan diferentes o difíciles [29]

Una parte importante del mensaje de Mo'ne consiste en tratar por igual a chicos y chicas en los deportes. Al ser una gran jugadora de béisbol, un deporte practicado mayoritariamente por chicos, Mo'ne desafió la idea de que algunos deportes son sólo para chicos. Su éxito ha iniciado importantes conversaciones sobre dar más oportunidades a las chicas en diferentes deportes y dejar espacio para que la gente, en general, simplemente practique el deporte que le gusta y se divierta.

La joven estrella del béisbol anima a otras chicas jóvenes a seguir sus pasiones, sin importar lo que la sociedad piense que deben hacer. Habla de los retos a los que se enfrentó y de cómo los superó, mostrando un firme ejemplo de no rendirse. Su mensaje es muy claro: las chicas no deben verse limitadas por las ideas tradicionales sobre lo que pueden hacer. Se les debe permitir que persigan sus intereses, ya sea en los deportes, en la escuela o en cualquier otra cosa. Pueden hacer cualquier cosa que se propongan.

El impacto de Mo'ne también se ve en el creciente número de chicas que practican deportes que antes eran mayoritariamente para chicos. Su historia ha inspirado a muchas chicas a coger un guante de béisbol o a unirse a un equipo, creyendo que ellas también pueden conseguir grandes cosas.

También trabaja para animar a las chicas jóvenes. Colabora con programas y organizaciones que apoyan a jóvenes atletas, ayudando a crear oportunidades y a proporcionar recursos para que las chicas puedan perseguir sus sueños deportivos. Se compromete activamente a tener un impacto duradero en las generaciones futuras.

El mensaje de Mo'ne Davis trata sobre el empoderamiento y la igualdad. Su éxito en el béisbol nos recuerda a todos que las chicas pueden conseguir cualquier cosa que se propongan, digan lo que digan los roles tradicionales de género. Mediante su defensa y sus esfuerzos activos para apoyar a las chicas jóvenes, Mo'ne está allanando el camino hacia un futuro más inclusivo y justo en el deporte y en otras carreras.

El cambio de juego

¿Qué pasa si estás jugando a tu juego favorito durante el recreo en el colegio, y resulta que eres uno de los pocos niños que sabe jugarlo realmente bien? Otros niños quieren jugar, pero son nuevos, y no creen que puedan unirse porque no conocen las reglas o se sienten diferentes.

Esto es similar a lo que le ocurrió a Mo'ne Davis. A ella le encantaban los deportes, pero veía que no todo el mundo era bienvenido o incluido en ciertos deportes debido a su género. A algunos chicos incluso se les dejaba fuera por su origen, sus habilidades o su aspecto, y Mo'ne decidió ser ella quien cambiara eso.

La joven estrella del béisbol cree que el deporte debe ser divertido para todos, sean quienes sean. Vio las barreras que impedían a la gente participar y quiso derribar esos muros. Los derribó uniéndose a equipos formados mayoritariamente por chicos.

Piensa en alguna ocasión en la que tuviste miedo de probar algo nuevo porque pensabas que no se te daría bien o porque eras diferente. ¿Y si alguien como Mo'ne Davis se te acercara y te dijera: "¡Puedes hacerlo! Todos estamos aquí para ayudarte". ¿No te haría sentir mejor y con más ganas de intentarlo? Eso fue lo que Mo'ne Davis hizo por las chicas jóvenes y los chicos jóvenes que querían sentirse incluidos y valorados.

Cuando todos tienen la oportunidad de jugar, ocurren cosas increíbles. Las personas aprenden unas de otras y mejoran juntas. Es como cuando tú y tus amigos traen juguetes diferentes para jugar: todos se divierten más y todos prueban cosas nuevas. Por eso es tan importante la inclusividad en el deporte. Hace que el juego sea mejor para todos.

Una lección importante de Mo'ne Davis es que si tienes un sueño, algo que realmente quieres hacer, pero la gente te dice que no puedes por tu género o porque no es algo que la gente como tú acostumbre a hacer, ¡no les hagas caso! Tienes más potencial y fuerza de lo que crees.

Además, mira a tu alrededor y comprueba si alguien se siente excluido al jugar un partido, e invítale a unirse a ti. Puedes animar a todo el mundo, no sólo a tus mejores amigos. Puedes alzar la voz si ves normas o ideas injustas que impiden jugar a alguien. Cuando haces estas cosas, contribuyes a que el deporte y la vida sean un lugar al que todos sientan que pertenecen.

Mo'ne siguió siendo humilde a pesar de lo famosa que se hizo. No hablaba sólo de sí misma. Cree que hace falta todo el equipo para ganar. Esto incluye a sus compañeros de equipo, padres y entrenadores. Puedes aprender de ella a ser humilde y elegante cuando tengas éxito. Es importante recordar y reconocer que muchas personas contribuyen a tu éxito.

Así que, como Mo'ne Davis, piensa en cómo puedes cambiar las reglas del juego. Tienes el poder de marcar una gran diferencia. Junto con tu equipo y tus seres queridos, puedes crear un mundo en el que el deporte sea para todos y en el que todos tengan la oportunidad de brillar.

Conclusión

Has llegado al final de este libro asombroso, lleno de historias cautivadoras y maravillosas destinadas a inspirarte y motivarte. Deberías estar orgulloso de ti mismo por haber leído todas las historias aquí plasmadas. No todo el mundo se comprometería tanto a completar el viaje. ¡Bien hecho!

Cada página te ha ofrecido una perspectiva desde dentro de algunos de los momentos más memorables del béisbol. Te has encontrado con historias de personas extraordinarias que no sólo destacaron en el campo, sino que también rompieron barreras, fueron en contra de lo que la sociedad considera normal y dejaron sus huellas en la arena para que otros las siguieran.

Viste cómo Jackie Robinson, con su valentía y talento, allanó el camino a las futuras generaciones de negros estadounidenses. Imagina el valor que necesitó para enfrentarse a la injusticia y seguir jugando con tanta habilidad y gracia.

También está el inspirador viaje de Jim Abbott, el lanzador con una sola mano que demostró que la determinación es todo lo que necesitas para triunfar en tu carrera. Con cada lanzamiento que realizaba, hacía lo imposible y demostraba a los demás que "imposible" no era más que una palabra que les impedía cumplir sus sueños.

¿Qué hay de las increíbles mujeres que jugaron al béisbol profesional? ¿Recuerdas cómo se convirtieron en una inspiración por su valentía? Has leído historias que muestran las importantes contribuciones de estas maravillosas atletas femeninas y su lucha por el reconocimiento y la igualdad en un campo que suele ser para chicos.

No es de extrañar que una estrella como Mo'ne Davis saltara a la fama a la temprana edad de 13 años con su destacada actuación en la Serie Mundial de Pequeñas Ligas. Desafió aún más los estereotipos de género e inspiró a innumerables niños y niñas amantes del deporte.

¿Recuerdas la historia de los Milagrosos Mets? Has visto cómo mantener la determinación y ser un buen jugador de equipo puede conducir a logros extraordinarios, logros que podrían pasar por milagros.

Las historias de este libro te han demostrado que el éxito es algo más que ganar. Requiere tu voluntad de aprender, tu dedicación a convertirte en una versión mejor de ti mismo y tu manejo de los retos siempre que surjan.

Se trata de tener un sueño y hacer todo lo posible por vivirlo. A veces, puede que te enfrentes a dificultades y que las cosas no siempre salgan como tú quieres, pero al igual que estas leyendas del béisbol, tú también puedes superar los obstáculos y brillar con luz propia. Sigue ganando.

Vea más libros escritos por Finn Manning

Referencias

10 Facts About AAGPBL. (2014, July 16). Fact File. https://factfile.org/10-facts-about-aagpbl

1969 Miracle Mets: Baseball's greatest underdog story in photos. (2019, June 15). USA TODAY. https://www.usatoday.com/picture-gallery/sports/mlb/2019/06/15/1969-miracle-mets-photos/1409085001/

AAGPBL League History. (2014). Aagpbl.org; AAGPBL Players Association. https://www.aagpbl.org/history/league-history

admin. (2012, January 4). Kirk Gibson – Society for American Baseball Research. Society for American Baseball Research. https://sabr.org/bioproj/person/kirk-gibson/

Aldrich, I. (2022, September 12). Lou Gehrig – Disease, Stats & Quotes. Biography. https://www.biography.com/athletes/lou-gehrig

Allison, K. (2014). Biography for Kids: Derek Jeter. Ducksters.com. https://www.ducksters.com/sports/derek_jeter.php

Allison, S. (2021, April 3). My Hero Roberto Clemente and the Night that Happiness Died. Heroes: What They Do & Why We Need Them. https://blog.richmond.edu/heroes/2021/04/03/roberto-clemente-and-the-night-that-happiness-died/

Alvarado, E. (2021, September 4). Roberto Clemente Quotes, Story, and Resources. Spanish Mama. https://spanishmama.com/roberto-clemente-quotes-story/

Arria, M. (2023, May 12). Jackie Robinson Was More Than a Baseball Player. Jacobin.com. https://jacobin.com/2023/05/jackie-robinson-42-legacy-racism-civil-rights

Babe Ruth | Official Site. (2024). Baberuth.com. https://baberuth.com/

Babe Ruth Biography |. (2018, February). Biography Online.
https://www.biographyonline.net/sport/babe-ruth-biography.html

Babe Ruth Dies. (2019, July 17). HISTORY. https://www.history.com/this-day-in-history/babe-ruth-dies

Babe Ruth. (2008). Baseball Hall of Fame. https://baseballhall.org/hall-of-famers/ruth-babe

Baldiwala, M. (2023, March 2). Everything to Know About Derek Jeter's Parents, Sanderson Charles Jeter and Dorothy Jeter. EssentiallySports. https://www.essentiallysports.com/mlb-baseball-news-everything-to-know-about-derek-jeters-parents-sanderson-charles-jeter-and-dorothy-jeter/

Bauer, R. (2022, October 19). What Made Roberto Clemente's Death Such An Awful Tragedy? Rob Bauer Books.
https://robbauerbooks.com/2022/10/19/roberto-clementes-death/

Bell, D. (2018, October 29). Former Little League star Mo'ne Davis, fame and a future. Andscape. https://andscape.com/features/former-little-league-star-mone-davis-fame-and-a-future/

Biography. (2021, September 20). Lou Gehrig.
https://lougehrig.com/index.php/biography/

Biography: Jackie Robinson. (2013). Ducksters.com.
https://www.ducksters.com/sports/jackie_robinson.php

Borelli, M. (2020, April 5). Kirk Gibson Biography & Los Angeles Dodgers Career. Dodger Blue. https://dodgerblue.com/kirk-gibson-biography-los-angeles-dodgers-career-starts/

Brioso, C. (2023, June 29). From Title IX to LGBTQ inclusion: How AAGPBL helped change the trajectory of women's sports. USA TODAY. https://www.usatoday.com/story/sports/mlb/2023/06/29/how-aagpbl-pave-way-for-title-ix-womens-sports/70354614007/?gnt-cfr=1&gca-cat=p

Brown, L. (2014, October 12). The 13-Year-Old Girl Who's Making Baseball History. Harper's BAZAAR.
https://www.harpersbazaar.com/culture/features/a3925/daring-women-mone-davis-1114/

Bulger, B. (2017, April 10). Babe Ruth's Beginnings. The Saturday Evening Post. https://www.saturdayeveningpost.com/2017/04/babe-ruths-beginnings/

Busch Jr, N. (1929, August 2). Lou Gehrig's Early Innings. The New Yorker.
https://www.newyorker.com/magazine/1929/08/10/the-little-heinie

Calamusa, P. (2023, January 31). The Rise of Jackie Robinson: Breaking Barriers and Changing the Game of Baseball Forever. Medium.
https://medium.com/@thesmartshopperweekly/the-rise-of-jackie-robinson-breaking-barriers-and-changing-the-game-of-baseball-forever-9dcba26fd3e7

Chief, F. (2015, November 2). Top 20 Jackie Robinson Facts – Family, Sports, Legacy & More. Facts.net. https://facts.net/jackie-robinson-facts/

Cohen, A. (2017, December 4). Derek Jeter – Society for American Baseball Research. Society for American Baseball Research. https://sabr.org/bioproj/person/derek-jeter/

Cohen, J. (2022). The All-American Girls Professional Baseball League: Frontiers and Femininity in America's Favorite Pastime – Society for American Baseball Research. Society for American Baseball Research. https://sabr.org/journal/article/the-all-american-girls-professional-baseball-league-frontiers-and-femininity-in-americas-favorite-pastime/

Cohen, S. (2021, April 30). 1969 Mets: Introduction – Society for American Baseball Research. Society for American Baseball Research. https://sabr.org/journal/article/1969-mets-introduction/

Cooper, E. (2022). Jim Abbott was a scout's dream – and ultimate challenge. Baseball Hall of Fame. https://baseballhall.org/discover/short-stops/jim-abbott-scouting-reports

Courtney Michelle Smith. (2021). Jackie Robinson: A Life in American History. ABC-CLIO.

Daniella. (2023, May 27). A League of Their Own: The Real Story of the All-American Girls Professional Baseball League. MyHeritage Blog. https://blog.myheritage.com/2023/05/a-league-of-their-own-the-real-story-of-the-all-american-girls-professional-baseball-league/

Dean, B. (2023, April 17). Who Was Jackie Robinson? Medium. https://medium.com/@BeatriceTrainBB/who-was-jackie-robinson-f8ff57921e40

DeCourcy, M. (2023, October 27). The 1988 Dodgers: A Kirk Gibson story you've never heard from an overlooked Dodgers star | Sporting News. Www.sportingnews.com. https://www.sportingnews.com/us/mlb/news/1988-dodgers-kirk-gibson-story-youve-never-heard/44ca9a639208c094ab96c6ec

Derek Jeter – Age, Bio, Birthday, Family, Net Worth. (2022, October 25). National Today. https://nationaltoday.com/birthday/derek-jeter/

Derek Jeter Bio & Career Accomplishments. (2023, June 29). FOX Sports. https://www.foxsports.com/personalities/derek-jeter/bio

Derek S. Jeter. (2022). Siena College. https://www.siena.edu/alumni-and-friends/alumni-relations/awards-recognitions/honorary-degree-recipients/derek-s-jeter/

Derek's Bio | Derek Jeter's Turn 2 Foundation. (2022). MLB.com. https://www.mlb.com/turn-2-foundation/derek-jeter/bio

Ember, S. (2010, April 10). Roberto Clemente, 1934-1972: First Latino Player Honored in the Baseball Hall of Fame. Voice of America.

https://learningenglish.voanews.com/a/roberto-clemente-1934-1972-the-first-latino-baseball-player-honored-in-the-baseball-hall-of-fame--90528109/116386.html

Farkas, T. (2016). Women's baseball history continued long after AAGPBL ended. Baseball Hall of Fame. https://baseballhall.org/discover-more/stories/short-stops/womens-baseball-history

Field, V. (2018, December 1). Lou Gehrig – Baseball Players, Career, Life – Lou Gehrig Biography. Famousbio. https://famousbio.net/lou-gehrig-1459.html

Francis, B. (2021). Gehrig's pro career started four years before he became the Yankees' first baseman | Baseball Hall of Fame. Baseballhall.org. https://baseballhall.org/discover/baseball-history/lou-gehrigs-pro-career-started-four-years-and-one-day-before-he-became-yankees-first-baseman

From the Mound to Real Life: The Growth and Transformation of Mo'ne Davis. (2023, June 27). Because of Them We Can. https://www.becauseofthemwecan.com/blogs/culture/from-the-mound-to-real-life-the-growth-and-transformation-of-mo-ne-davis

Gray, M. (2022, July 23). "The Captain" Pt 1 | The Early Years Of Derek Jeter, Understanding His Place In America | mlbbro.com. MLB Bro. https://mlbbro.com/2022/07/23/the-captain-pt-1-the-early-years-of-derek-jeter-understanding-his-place-in-america/

Harris, B. (2018, October 15). Remembering Kirk Gibson's walk-off home run 30 years later. True Blue LA. https://www.truebluela.com/2018/10/15/17980360/dodgers-1988-world-series-kirk-gibson-walkoff-home-run

Harrison, A. (2024). Lou Gehrig: Biography, Creativity, Career, Personal Life | Literature 2024. Culture Oeuvre. https://cultureoeuvre.com/10729109-lou-gehrig-biography-creativity-career-personal-life

Hendrixson, C. (2018, May 30). The Story of the '69 Miracle Mets. Medium. https://christopherhendrixson.medium.com/this-is-the-story-of-how-the-worst-team-in-baseball-history-became-known-as-the-miracle-mets-in-b305e485837

Hersch, H. (1987, May 25). THAT GREAT ABBOTT SWITCH. Sports Illustrated Vault | SI.com. https://vault.si.com/vault/1987/05/25/that-great-abbott-switch-jim-abbott-michigans-fireballing-sophomore-ace-is-so-talented-he-can-pitch-and-field-with-the-same-hand

History of Babe Ruth for Kids | Bedtime History: Podcast and Videos For Kids | Homework Help. (2021, August 2). Bedtime History: Podcast and Videos for Kids. https://bedtimehistorystories.com/history-of-babe-ruth-for-kids/

Homer, A. (2022, December 13). Yankee Pitcher Jim Abbott's Iconic 1989 No-Hitter Game. Grunge. https://www.grunge.com/1136231/yankee-pitcher-jim-abbotts-iconic-1989-no-hitter-game/

Jackie Robinson – Early Life. (2019). Solipsis.com. http://www.solipsis.com/jackierobinson/early_life.html

Jackie Robinson – History for kids. (2019, June 27). Www.historyforkids.net. https://www.historyforkids.net/jackie-robinson.html#google_vignette

Jackie Robinson. (2021, October 15). Biography; Tyler Piccotti. https://www.biography.com/athletes/jackie-robinson

Jacobs, E. (2014, August 16). Mo'ne Davis Throws Like A Girl – At 70 MPH. NPR. https://www.npr.org/2014/08/16/340912807/mone-davis-throws-like-a-girl-at-70-mph

Jr, K. B. (2023, October 29). 35th Anniversary of Kirk Gibson's 1988 World Series Home Run. Last Word on Baseball. https://lastwordonsports.com/baseball/2023/10/29/anniversary-kirk-gibson-home-run/

Kenney, K. (2013, April 7). Jim Abbott is still inspiring others long after his baseball career ended. San Diego Union-Tribune. https://www.sandiegouniontribune.com/sports/mlb/sdut-baseball-jim-abbott-angels-2013apr06-story.html

Kepner, T. (2019, January 25). The Miracle Mets' 50th Anniversary: "Like It Was Just Yesterday." The New York Times. https://www.nytimes.com/2019/01/25/sports/miracle-mets-50th-anniversary.html

Keyser, H. (2024). The Early Life and Career of Babe Ruth in His Own Words. Mentalfloss.com. https://www.mentalfloss.com/article/57707/early-life-and-career-babe-ruth-his-own-words

Kiefer, E. (2014, August 22). Only Girl in the (Little League) World – Meet Mo'ne Davis. Teen Vogue. https://www.teenvogue.com/story/mone-davis-little-league-baseball

Klein, C. (2018, August 23). 10 Things You May Not Know About Babe Ruth. HISTORY. https://www.history.com/news/10-things-you-may-not-know-about-babe-ruth

Klein, C. (2021, October 13). How Puerto Rican Baseball Icon Roberto Clemente Left a Legacy Off the Field. HISTORY. https://www.history.com/news/roberto-clemente-humanitarian-accomplishments-pittsburgh-pirates

Klemish, D. (2023, March 8). These OG legends of AAGPBL are still driving the movement. MLB.com. https://www.mlb.com/news/aagpbl-legends-still-fighting-for-girls-baseball

Kriti S. (2024, May 24). Who was Lou Gehrig? Everything You Need to Know. Www.thefamouspeople.com. https://www.thefamouspeople.com/profiles/henry-louis-gehrig-2175.php

Kriti, S. (2011). Roberto Clemente. Thefamouspeople.com. https://www.thefamouspeople.com/profiles/roberto-clemente-walker-2729.php

Krol, J. (2023, September 3). All About Derek Jeter's Parents, Sanderson and Dorothy Jeter. Peoplemag. https://people.com/all-about-derek-jeter-parents-sanderson-dorothy-jeter-7852497

Leslie Heaphy. (2021, December 21). Jackie Robinson and Civil Rights: From 1947 Until His Death – Society for American Baseball Research. Society for American Baseball Research. https://sabr.org/journal/article/jackie-robinson-and-civil-rights-from-1947-until-his-death/

Life, Achievements and Legacy of Jackie Robinson, One of America's Greatest Sportsmen. (2023, March 19). World History Edu. https://worldhistoryedu.com/life-achievements-and-legacy-of-jackie-robinson-one-of-americas-greatest-sportsmen/

Livacari, G. (2016, July 27). 1969 Miracle New York Mets | Baseball History Comes Alive. Baseball History Comes Alive. https://www.baseballhistorycomesalive.com/1969-miracle-new-york-mets/

Longman, J. (2018, December 19). For Mo'ne Davis, a Social Awakening and a Commitment to Hampton. The New York Times. https://www.nytimes.com/2018/12/19/sports/mone-davis-little-league-hampton.html

Lou Gehrig Biography, Life, Interesting Facts. (2018, January 29). Famous Birthdays by SunSigns.org. https://www.sunsigns.org/famousbirthdays/d/profile/lou-gehrig/

Lou Gehrig MLB Career and Early Life | The Iron Horse | Hall of Famer. (2021, June 20). Imagine Sports. https://imaginesports.com/news/lou-gehrig-mlb-career-and-early-life

Luckey, J. (2022, October 6). Babe Ruth: The Life and Baseball Career of The Great Bambino. SportsRaid. https://medium.com/sportsraid/babe-ruth-the-life-and-baseball-career-of-the-great-bambino-71dd877a2030

Madarasz, A. (2017, July 25). Taking the Field: Women and Baseball. Heinz History Center. https://www.heinzhistorycenter.org/blog/western-pennsylvania-history-the-girls-of-summer-all-american-girls-professional-baseball-league/

Mantooth, K. (2023, November 21). Jackie Robinson | Biography & Quotes. Study.com. https://study.com/learn/lesson/jackie-robinson-quotes-facts-biography.html

Markazi, A. (2018, October 15). "It's a good story": Inside Kirk Gibson's epic 1988 World Series HR. ESPN.com.

https://www.espn.com/mlb/story/_/id/24974235/mlb-kirk-gibson-world-series-home-run-30-years-later

Marlesh. (2024, January 15). 20 Jackie Robinson Quotes – A Legacy Beyond Baseball. Cio Business World. https://ciobusinessworld.com/jackie-robinson-quotes/

Marquis, J. (2023, April 11). 6 Athletes with Disabilities Who Inspire Us to Live Our Best Life. Mobility plus Colorado. https://www.mobilitypluscolorado.com/blog/6-athletes-with-disabilities-who-inspire-us

Martin, D. (2014, February 19). Derek Jeter's 10 Most Memorable Moments. The Epoch Times. https://www.theepochtimes.com/article/derek-jeters-10-most-memorable-moments-507559

Mike. (2016, August 28). Major League Baseball Legend Jim Abbott: The Man Who Pitched A No-hitter With One Hand. HubPages. https://discover.hubpages.com/sports/Major-League-Baseball-Legend-Jim-Abbott-The-Man-Who-Pitched-A-No-hitter-With-One-Hand

Mo'ne Davis Facts for Kids. (2014). Kiddle.co. https://kids.kiddle.co/Mo%27ne_Davis

Mo'ne Davis. (2020, April 27). WHYY. https://whyy.org/episodes/mone-davis/

Moreno, M. (2020, March 21). Jackie Robinson Biography & Brooklyn Dodgers Career. Dodger Blue. https://dodgerblue.com/jackie-robinson-biography-brooklyn-dodgers-career-stats/

Morgan, M. E. (2023, August 7). Roberto Clemente, a Hero On and Off the Baseball Field. HowTheyPlay. https://howtheyplay.com/team-sports/Roberto-Clemente-a-Hero-On-and-Off-the-Field

Morris, R. (2018, May 4). Where Are They Now? Jim Abbott. Baseballamerica.com; Baseball America. https://www.baseballamerica.com/stories/where-are-they-now-jim-abbott/

Motiff, J. (2011, January 7). Lou Gehrig and the Greatest Baseball Season of All Time. Bleacher Report. https://bleacherreport.com/articles/565180-lou-gehrig-and-the-greatest-baseball-season-of-all-time

Mr. Nussbaum – Roberto Clemente Biography. (2023, October 18). Mrnussbaum.com. https://mrnussbaum.com/roberto-clemente-biography

Nightengale, B. (2019, June 15). Opinion: 50 years ago, the 1969 Mets helped heal a nation in turmoil. USA TODAY. https://www.usatoday.com/story/sports/mlb/columnist/bob-nightengale/2019/06/15/1969-miracle-mets-world-series/1420643001/

Nix, E. (2018, August 23). The Life of Lou Gehrig. HISTORY. https://www.history.com/news/the-life-of-lou-gehrig

Northam, M. (2020, February 9). Mo'ne Davis, former Little League World Series star, makes her college softball debut for Hampton | NCAA.com. Www.ncaa.com. https://www.ncaa.com/news/softball/article/2020-02-07/mone-davis-former-little-league-world-series-star-makes-her

Opfer, C. (2013, July 26). Did Jackie Robinson Really Break Baseball's Color Barrier? HowStuffWorks. https://entertainment.howstuffworks.com/jackie-robinson-break-baseball-color-barrier-.htm

Osborne, C. (2023, September 30). Kirk Gibson continues his efforts to prove nothing is impossible. Medium. https://dodgers.mlblogs.com/kirk-gibson-continues-his-efforts-to-prove-nothing-is-impossible-584700d91bb6

Passan, J. (2014, August 20). Mo'ne Davis, and why no one should laugh at the idea of a woman in Major League Baseball. Yahoo Sports. https://sports.yahoo.com/mo-ne-davis--and-why-no-one-should-laugh-at-the-idea-of-a-woman-playing-baseball-032951116.html

Racanelli, J. (2014, January 7). The Untold Story of Roberto Clemente's Plane Crash Litigation. Community Blog. https://community.fangraphs.com/the-untold-story-of-roberto-clementes-plane-crash-litigation/

Rick. (2024, February 23). Mo'ne Davis, Age 12. GOAL Line Detroit. https://goaldetroit.org/black-history-month/ruby-bridges-age-6-gs9pz-2e2s3-3h3rg

Riddell, D. (2023, September 4). Jim Abbott: The night of that no-hitter. CNN. https://edition.cnn.com/2023/09/04/sport/jim-abbott-legacy-no-hitter-spt-intl/index.html

Roberto Clemente – Death, Stats & Quotes. (2021, April 15). Biography. https://www.biography.com/athletes/roberto-clemente

Robinson, A. (1926, July 23). Babe Ruth's Bad Behavior. The New Yorker. https://www.newyorker.com/magazine/1926/07/31/babe-ruth-profile

Santasiere, A. (2020, October 30). Running in the Shadow of The Babe. MLB.com. https://www.mlb.com/news/marathon-guide-to-babe-ruth-s-legacy

Schaefer, L. M. (2003). Jackie Robinson. Pebble Books.

Short Motivational Stories for Athletes: Inspiring Performance and Building Resilience. (2023, June 7). Medium. https://successmatters4me.medium.com/short-motivational-stories-for-athletes-inspiring-performance-and-building-resilience-62d11f7934e4.

Singh, D. (2011). Babe Ruth. Thefamouspeople.com. https://www.thefamouspeople.com/profiles/babe-ruth-787.php

Snider, J. (2017, January 13). Mo'ne Davis – An Athlete From the Start. Blog.fscamps.com. https://blog.fscamps.com/mone-davis

Steuber, L. (2023, August 23). 3 Life Lessons Girls Can Learn From Mo'ne Davis by Orlando Teen Counselor. Total Life.

https://totallifecounseling.com/3-life-lessons-girls-can-learn-from-mone-davis-lake-mary-teen-counselor/

Stott, K. (2012, April 15). Babe Ruth: 10 Strange Facts About the New York Yankees Legend. Bleacher Report. https://bleacherreport.com/articles/1159341-babe-ruth-10-strange-facts-about-the-new-york-yankees-legend

Summitt, J. (2013, September 10). Twenty years later, Jim Abbott continues to pitch inspiration. The Michigan Daily. https://www.michigandaily.com/uncategorized/anatomy-jim-abbotts-no-hitter/

Swaine, R. (2012, January 4). Jim Abbott – Society for American Baseball Research. Society for American Baseball Research. https://sabr.org/bioproj/person/jim-abbott/

Tartaglia, G. (2019, June 29). "Miracle Mets" memories are still fresh as the team celebrates its 1969 World Series title. North Jersey Media Group. https://www.northjersey.com/story/sports/mlb/mets/2019/06/29/miracle-mets-1969-world-series-title-50-year-anniversary/1597438001/

Thomas, M. (2020, March 26). Whatever Happened to MLB's One-Handed Pitcher Jim Abbott? Sportscasting | Pure Sports. https://www.sportscasting.com/whatever-happened-to-mlbs-one-handed-pitcher-jim-abbott/

Tognotti, C. (2014, August 20). Women In Major League Baseball? Mo'Ne Davis Has Proved It's Possible. Bustle. https://www.bustle.com/articles/36594-women-in-major-league-baseball-mone-davis-has-proved-its-possible

TOP 25 QUOTES BY JACKIE ROBINSON | A-Z Quotes. (2013). A-Z Quotes. https://www.azquotes.com/author/12473-Jackie_Robinson

Turner, J. R. (2017). AAGPBL Article: AAGPBL History: Diamonds are a Girl's Best Friend. Aagpbl.org. https://www.aagpbl.org/articles/show/36

Unleashed, U. U. (2023, November 21). Roberto Clemente: A Baseball Legend and Humanitarian. Medium. https://medium.com/@gabri4974/roberto-clemente-a-baseball-legend-and-humanitarian-fba494fe0b3b

Vaccaro, M. (2019, June 28). The 1969 Mets are New York's most improbable champions. NY Post. https://nypost.com/2019/06/27/why-miracle-mets-are-new-yorks-most-improbable-champions/

Vault, T. (2024, January 6). Facts about Roberto Clemente (Interesting & Fun). Tagvault.org. https://tagvault.org/blog/facts-about-roberto-clemente-interesting-fun/

Veliz, L. (2022, June 28). What Was Lou Gehrig's Life Like After Being Diagnosed With ALS. Grunge. https://www.grunge.com/909785/what-was-lou-gehrigs-life-like-after-being-diagnosed-with-als/

Watson, B. (2013). The "Miracle Mets" of '69 Win the World Series | AMERICAN HERITAGE. Www.americanheritage.com. https://www.americanheritage.com/content/miracle-mets-69-win-world-series

What Is Jackie Robinson's Legacy. (2022, July 19). Funbiology. https://www.funbiology.com/what-is-jackie-robinsons-legacy/

Fuentes de imágenes

[1] https://commons.wikimedia.org/wiki/File:Jackie_robinson_color_baseballcard.jpg

[2] usuario Wonder woman0731, CC BY 2.0 <https://creativecommons.org/licenses/by/2.0>, a través de Wikimedia Commons: https://commons.wikimedia.org/wiki/File:Racially_diverse_unity.jpg

[3] https://commons.wikimedia.org/wiki/File:Martin_Luther_King,_Jr..jpg.

[4] John Traub / Club de béisbol Albuquerque Isotopes, CC BY-SA 3.0 <https://creativecommons.org/licenses/by-sa/3.0>, a través de Wikimedia Commons: https://commons.wikimedia.org/wiki/File:Jim_Abbott_Cannons.jpg

[5] https://pixabay.com/illustrations/impossible-possible-attitude-4505790/

[6] https://pixabay.com/illustrations/lets-do-it-reminder-post-note-1432952/

[7] https://commons.wikimedia.org/wiki/File:GehrigCU.jpg

[8] https://commons.wikimedia.org/wiki/File:New_York_Yankees_Primary_Logo.svg

[9] https://pixabay.com/illustrations/hospital-patient-healthcare-6704538/

[10] Mwinog2777, CC BY-SA 3.0 <https://creativecommons.org/licenses/by-sa/3.0>, a través de Wikimedia Commons: https://commons.wikimedia.org/wiki/File:Gibsonwin3.jpg

[11] https://pixabay.com/illustrations/weak-weakness-people-emotions-7398114/

[12] https://pixabay.com/illustrations/board-chalk-blackboard-success-1097118/

[13] https://commons.wikimedia.org/wiki/File:Babe_Ruth_circa_1920.jpg

[14] https://pixabay.com/illustrations/man-shoot-player-batter-batsman-5475472/

[15] https://pixabay.com/illustrations/difference-differentiate-anders-7370144/

[16] https://commons.wikimedia.org/wiki/File:Logo_of_the_All-American_Girls_Professional_Baseball_League.svg

[17] https://commons.wikimedia.org/wiki/File:Philip_K._Wrigley_1917.jpg

[18] https://commons.wikimedia.org/wiki/File:All-American_Girls_Professional_Baseball_League_circa_1945.jpg

[19] https://commons.wikimedia.org/wiki/File:Roberto_Clemente_1972_pirates.png

[20] https://pixabay.com/illustrations/helping-hand-help-handshake-749230/

[21] https://pixabay.com/illustrations/motivation-success-thumb-successful-721826/

[22] https://commons.wikimedia.org/wiki/File:CBP_Partakes_in_Pre-game_Ceremonies_with_the_New_York_Mets_(14904092076).jpg

[23] Tom_Seaver_at_Shea_Stadium_1974.jpg: ShellyS de Nueva York, EE.UU. Trabajo derivado: Delaywaves talk, CC BY 2.0 <https://creativecommons.org/licenses/by/2.0>, a través de Wikimedia Commons: https://commons.wikimedia.org/wiki/File:Tom_Seaver_at_Shea_Stadium_1974_CROP.jpg

[24] https://commons.wikimedia.org/wiki/File:Gil_Hodges_Mets.jpg

[25] Keith Allison, CC BY-SA 2.0 <https://creativecommons.org/licenses/by-sa/2.0>, a través de Wikimedia Commons: https://commons.wikimedia.org/wiki/File:Derek_Jeter_by_Keith_Allison.jpg

[26] https://pixabay.com/illustrations/leader-crowd-stand-out-group-2815528/

[27] https://pixabay.com/illustrations/team-collaboration-cohesion-group-1028829/

[28] Departamento del Interior de EE.UU., CC BY-SA 2.0 <https://creativecommons.org/licenses/by-sa/2.0>, a través de Wikimedia Commons: https://commons.wikimedia.org/wiki/File:Mo%27ne_Davis_(15948839942).jpg

[29] https://pixabay.com/illustrations/poster-vintage-antique-war-316690/

www.ingramcontent.com/pod-product-compliance
Lightning Source LLC
Chambersburg PA
CBHW060200050426
42446CB00013B/2923